法律の条文解釈入門

新版

―六法を引こう！―

小 室 百 合

信山社

Shinzansha

新版はしがき

初版を出したときから、《六法を引いて(正しく)読む》ことというのは、本当はとても難しいことなのだと感じていました。では、どうすれば《六法を引いて(正しく)読む》ことができるようになるのか。それを考えながら、「第二部応用編　明らかな間違いをしないようになろう!」を書きました。

新版ができあがるまでに、三宅朝子さん、伊東修平さん、高津正勝さん、菅原郁夫先生、黒澤睦先生、小室輝久先生、渡辺左近さんに大変お世話になりました。ありがとうございました。

多くの方のご協力のもとにできたこの本を、私が学恩に報いることができないまま、二〇一八年一月に亡くなられた林屋礼二先生に、ささげたいと思います。

二〇一八年一月

小室百合

初版はしがき

この本は、初めて法を学ぶ人（法学部一年生を始めとして、社会人etc.）を念頭において、六法の引き方・使い方、法律の条文の読み方を、分かりやすく解説しようとしたものです。

私は、一九九八年に島根大学法文学部の講師になりました。その時、ある学生から、「自分は法の専門家になりたいわけではないけれど、ちゃんと法の勉強がしたい。法の力を身につけるには、どうすればいいのですか」と質問を受けました。当時の私は、絶句するばかりで、学生の質問に答えることができませんでした。「そもそも、法の力って何だろう」。ずっと考え続けてきました。

法を学ぶには、法律の条文の解釈の仕方を学ぶことが必要です。解釈の仕方を学ぶには、条文が読めなければなりません。そして、条文を読むためには、六法の引き方・使い方が身についていないとどうにもなりません。まずはそこから。そう信じて、この本を書きました。

この本ができあがるまでに、大量の未完成原稿を読んでもらった倉内彩圭さんを始め、小林愛さん、横山愛さん、金井泰樹さん、岡本崇史さん、宮田桜子さん、有馬弘子さん、古澤麻衣さん、宇都宮遼平さん、牧野佐千子さん、荒川知才さん、新谷佳嵩さん、神奈川大学の同僚の先生方、菅原郁夫先生、小室輝久先生、渡辺左近さんに大変お世話になりました。ありがとうございました。

最後に、不出来な学生だった私を厳しくも暖かくご指導下さった、林屋礼二先生、河野正憲先生、山本和彦先生の学恩に心から感謝いたします。

二〇一四年三月

小室百合

目次

目　次

目　次

目　次

目　次

目　次

目次

第一部　基本編　六法を引こう！

はじめに――初めて法を学ぶ人へ　みなさんは雑すぎる

大学で法を学んだ人に社会が求める能力の一つは、正確にかつ早く読み書きができること、すなわち文書処理能力です。具体的には、Ａ４一枚（一二〇〇文字）の文書を一五分で正確に書き上げることができる技量です。ですから、おっとりした人には、法学の勉強は向いていません。正確さとスピード。これが何よりも大切です。物事には学ぶ順番、身につけるべき順番があります。法的思考方法や、リーガルマインド云々は、正確さとスピードを身につけた後の話です。

正確さとスピードを身につけた学生の成績は良いです。正確さとスピードを欠いたままの学生がいくら法を学んでも、成績は伸びません。法学部の成績と、社会人に求められる文書処理能力（正確さとスピード）は、関係があります。一昔前に「法学部を卒業すると、就職のツブシがきく」と言われていた理由の一つは、この関係に着目していたからに他なりません。

私の経験では、実定法《じっていほう》（現在の日本の法律の総称）の成績に関する限り、『六法《ろっぽう》』（主な法令の条文がまとめて印刷されている本）を引く速度と成績は比例しています。成績が良い学生は、六法を引くのが早いです。反対に、成績の悪い学生は、六法を引くのが遅いです。例えば、「民法四一三条を引いて」

と言われて、一〇秒以内に民法四二三条が六法のどこに書かれているかを探し出せれば、取り敢えず合格です。卒業時には、七秒以内で探し出せるようになることが目標です。ここでも、正確さとスピードが必要です。

このような私の考えに疑問を投げかける先生方は多いです。「法学において最も大切なのは理念である。理念をきちんと理解するために正確さは必要だろうが、スピードはそれほど重要ではないのではないか」、と。今の私は、《このような疑問は、正論だけれども、現実的ではない》と思っています。学生が六法を引くスピードや、文章を書くスピードは、学生生活の限られた時間内にどれだけ多くのことを学べるかに影響します。限られた時間で法を学ぶため、法律の条文解釈の訓練を終えるには、学生自身が作業スピードを上げる必要があります。《法の理念を正しく理解するためには正確さが重要であるが、法を正確に学ぶためには、スピードを上げて訓練し続ける他ない。そうして、卒業時までに法の理念を正確に理解できるようになった学生は、文書を正確に速く処理する能力も身についており、社会が求める人材像に適合しているはずだ》、というのが今の私の考えです。

従って、初めて法を学ぶ人が最初に身につけるべきことは、私の考えでは、六法を早く引き、そこに書かれている法律の文言を正確に読む力（技術・技能）です。

法律の文言を正確に読む力を身につけるためには、日本語だと思って油断しないことです。単語一つ疎《おろそ》かにせず、きちんと注意することです。勉強熱心な学生の中には、理念や理想が大事で、言葉の問題にこだわるのは器《うつわ》の小さい人間がすることだと思い込んでいる学生がいます。しかし、それは間違いです。法を学ぶためには、言葉を正確に理解することが大切です。なぜなら、言葉遣いには、法の理念や制度の仕組みが反映されているからです。全体は部分に表れます。弁護人と弁護士と訴訟代理人、契約の解除と解約。学生が同じ意味の言葉と誤解していた単語はたくさんあります。

法を学ぶ人は、この言葉の細かな違い、正確さを理解できなければ、法律を正確に理解することができません。この本では、法律の言葉を正確に理解し、正確に使うための技術・技能について説明をします。

第一編　卒業までの目標と、一年生の目標は、それぞれ何でしょうか？

法学部生が卒業までに学ぶべきこと、身につけるべき目標は、色々あります。しかし、この本では、六法との関係に焦点を絞って、技術・技能という観点から、私の考えをお話しします。

法学部生が卒業までに修得できるよう目指すべき技術・技能は、自分の知りたい問題・事柄を規定している法律（根拠法条）を六法から自力で探し出し、読める（そこに書いてあることの意味が分かる）ようになることです。「習っていないから分からない」ではなくて、「習っていないことでも自分で探し出して調べられるようになる！」それが究極の目標（見果てぬ夢 impossible dream?）です。

例えば、学生はみな、たとえ一年生であっても、「女の子は、親の許可があれば、一六歳でも結婚できる」ということを社会常識として知っています。しかし、私が「法律のどこに書いてあるの？」と聞くと、一年生はびっくりします。「習っていない。そんな難しいこと、わからない」と。けれども、大丈夫です。探し方さえマスターできれば、誰でも探し出せるようになります。そして、読み方の基本が理解できていれば、そこ（法律の条文）に書いてあることの意味が分かるようになります。

この目標を達成するために、まっ先に身につけるべきこと・修得すべき技術・技能は二つあります。

まずは、素早く六法が引けるようになることが大切です。例えば、学生の場合、講義中に先生から、「民法五四〇条を引いて」と指示されたり、「民法六一七条には何と書いてある？」と聞かれたりすることがあります。この時、どんな法律であっても、一〇秒以内に言われた条文を探し出せるようになる。これが、一年生がマスターすべき第一の技術・技能です。

次に、一年生がマスターすべき第二の技術・技能は、法律の文言を正確に読む力の基本を身につけることです。「正確に読む力の基本」と言うと、何だか大げさな言い方になってしまいますが、私が言いたいのは、そんな難しいことではありません。「無実≠無罪」や「弁護人≠弁護士」というように、字が違えば意味が違うよ、というレベルの話です。難しい理屈とは無関係です。けれども、ものすごく注意力が必要です。

私の経験では、勉強熱心な学生であっても、案外、法律の文言をちゃんと見ていません。一言でいえば、「見えども見えず、読めども読めず」の状態に陥っているのです。厄介なことに、学生は、自分では「ちゃんと読んでいる」つもりですから、「自分が文言をちゃんと見ていない」という自覚がありません。さらに言えば、日常会話で何気なく覚えた言葉の意味から無意識に（勝手に？）推測して、専門用語を誤解したままの学生も少なくありません。教える立場の人間からすると、学生の思い込み（自分はちゃんと読んでいる・自分は専門用語を理解している）と闘わなければなりません。ですから、私がみなさんに贈る言葉はただ一つ。**思い込みは捨てて素直に条文を読もう！**

法の建前として、「法律にすべて書いてある」ことになっています。ぴったりした規定が見あたらない（法の欠缺《けんけつ》の）(1)場合にどうするのか、その場合の規範（ルール）も、法学のお作法（法の解釈の方法）(2)として、すべてが決められている（ことになっています）。今風の言い方をすれば、六法は、裁判官のマニュアルみたいなもの。裁判官はマニュアルに従って、判決を書く。だから、札幌地方裁判所だろうが、東京地方裁判所だろうが、どこの裁判所でどの裁判官がどの裁判をやろうと、《同じ事件には同じ内容の判決が出る》という建前が成立します。

本当のことを言えば、すべてのことが法律に書いてある訳ではありません（成文法に欠缺が生じるのはさけられません）。ですから、法律の条文を読んだだけでは分からないことは、たくさんあります。けれども、法律にきちんと書いてあることも、またたくさんあります。

ですから、一年生は、まずは何よりも法律に何と書いてあるかをきちんと把握しなければなりません。そのためには、自分の目で《法律の条文にどういう風に書かれているか》を確かめることが必要になります。そのための重要な武器、それが六法なのです。「六法を使いこなす」。これこそが実定法（現行法）をマスターする一番の近道であり、確実な方途《ほうと》（方法・手段）なのです。

法学部生たる者、法律問題が出たら、反射的に六法を引いて、根拠条文を読む。これを体にたたき込む。実定法を学ぶ限り、①すぐに六法を引く反射神経と、②六法を引き続ける根性、この二つが要《かなめ》（大切）となります。その意味で、実定法を学ぶことは、いわゆる「勉強」というより「スポーツ」に近い、と私は思っています。六法を引いて、引いて、引きまくる。そのために必要なのは、「気合い」「努力」「根性」の三つです！

（１）「法の欠如」とするのは、団藤重光『法学の基礎〔第二版〕』（二〇〇七年、有斐閣）一六九頁。
（２）法の解釈の方法については、伊東正巳＝加藤一郎編『現代法学入門〔第四版〕』（二〇〇五年、有斐閣）七六頁、法の欠缺については、同書六四頁参照。

第二編　六法の使い方

第一章　六法とは何でしょうか？

六法とは、「主な法令（法律・条約・政令・規則・条例などを含む）を一冊の本にまとめた本」のことです。普通は、この意味で六法という言葉を使いますが、それ以外の意味で「六法」という言葉が使われることもあります。「六法」とは、複数の意味に使われる言葉（多義語）なのです。

まず、「六法」の本来の意味は、「憲法」「民法」「刑法」「商法」「民事訴訟法」「刑事訴訟法」の六つの法律を意味しています。この六つの法律は、法学を学ぶうえで、最も基本的な法律と考えられています。みなさんにとって、「憲法」「民法」「刑法」「商法」は何となくイメージが浮かぶでしょうが、「民事訴訟法」「刑事訴訟法」と言われてもピンとこないかもしれません。「訴訟法」については、ここでは、裁判をする時に守らなければならない法律だと思って下さい。普通の人は、一生の内で「裁

判」に関わることは、ほとんどありません。ですから、「裁判をする時に守らなければならない法律」について、イメージがわかないのは当然です。反対に、裁判官を始めとする法律のプロは、毎日、仕事として裁判に関わります。ですから、法律のプロは、「訴訟法」を知らないと仕事になりません。一般企業に勤めるならともかく、法律で飯を食うのであれば、必ず訴訟法を勉強しなければなりません。

次に、本来の意味から転じて、主な法令（法律・条約・政令・規則・条例などを含む）を掲載してまとめた本を、「六法」と呼ぶようになりました。コンパクト六法と呼ばれる小さい物から、六法全書という大型の物まで、色々な六法があります。

さらにそこから派生して、特定の分野の仕事をする人にとって必要な法令をまとめた本を、「〇〇六法」と表記するようになりました。例えば、『建築六法』と言えば、建築関係の仕事をする人にとって必要な法令をまとめた本ということになります。このような特定の目的を持った人（主に社会人）が必要に応じて使う特別な六法には、『環境六法』『食品衛生小六法』など、たくさんの種類があります。

【凡例《はんれい》】

六法によって記号の使い方などが異なります。六法を使い始める時は、六法の凡例《はんれい》に一度目を通しておきましょう。通常、六法は「はしがき」「凡例」「目次」の順に掲載されています。

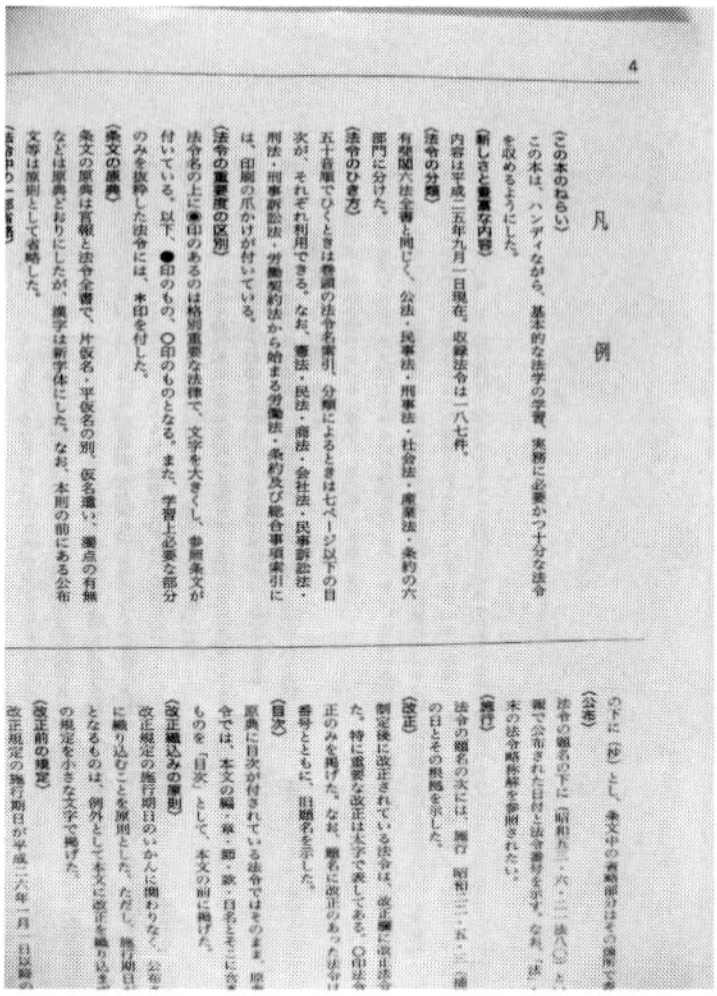
4

凡　例

〈この本のねらい〉
この本は、ハンディながら、基本的な法学の学習、実務に必要かつ十分な法令を収めるようにした。
〈新しさと重要な内容〉
内容は平成二五年九月一日現在。収録法令は一八七件。
〈法令の分類〉
有斐閣六法全書と同じく、公法・民事法・刑事法・社会法・産業法・条約の六部門に分けた。
〈法令のひき方〉
五十音順でひくときは巻頭の法令名索引、分類によるときは七ページ以下の目次が、それぞれ利用できる。なお、憲法・民法・商法・会社法・民事訴訟法・刑法・刑事訴訟法・労働契約法から始まる労働法・条約及び総合事項索引には、印刷の爪かけが付いている。
〈法令の重要度の区別〉
法令名の上に●印のあるのは格別重要な法律で、文字を大きくし、参照条文が付いている。以下、●印のもの、○印のものとなる。また、学習上必要な部分のみを抜粋した法令には、＊印を付した。
〈条文の原典〉
条文の原典は官報と法令全書で、片仮名・平仮名の別、仮名遣い、濁点の有無などは原典どおりにしたが、漢字は新字体にした。なお、本則の前にある公布文等は原則として省略した。
〈法令中の一部省略〉
の下に〔抄〕とし、条文中の省略部分はその個所で
〈公布〉
法令の題名の下に〔昭和二二・六・二一法八〇〕と
報で公布された日付と法令番号を示す。なお、「法
末の法令略称解を参照されたい。
〈施行〉
法令の題名の次には、施行　昭和三二・五・三（
の日とその根拠を示した。
〈改正〉
制定後に改正されている法令は、改正欄に改正法令
た。特に重要な改正は太字で表してある。○印法令
正のみを掲げた。なお、題名に改正のあった法令は
番号とともに、旧題名を示した。
〈目次〉
原典に目次が付されている法令ではそのまま、原
令では、本文の編・章・節・款・目名をそこに含
ものを「目次」として、本文の前に掲げた。
〈改正織込みの原則〉
改正規定の施行期日のいかんに関わりなく、公布
に織り込むことを原則とした。ただし、施行期日
となるものは、例外として本文に改正を織り込ま
の規定を小さな文字で掲げた。
〈改正前の規定〉
改正規定の施行期日が平成二六年一月一日以降の

【法令】

法令とは、ざっくり言うと、国家機関または地方公共団体が作った（制定した）ルール（規範）のことです。

「法令」は、「法律」とは違います。法令の方がより大きな概念で、法律は法令の一部です。法令には、憲法、法律、政令、府令、省令、規則（行政機関が定める規則、議院規則、最高裁判所規則、地方公共団体が定める規則）、条約、条例などが含まれます。

【法令の一部】

名称	制定機関	根拠法条
法律	国会	憲法41条
政令	内閣	憲法73条６号
最高裁判所規則	最高裁判所	憲法77条１項
条例	地方公共団体	憲法94条

【法令】

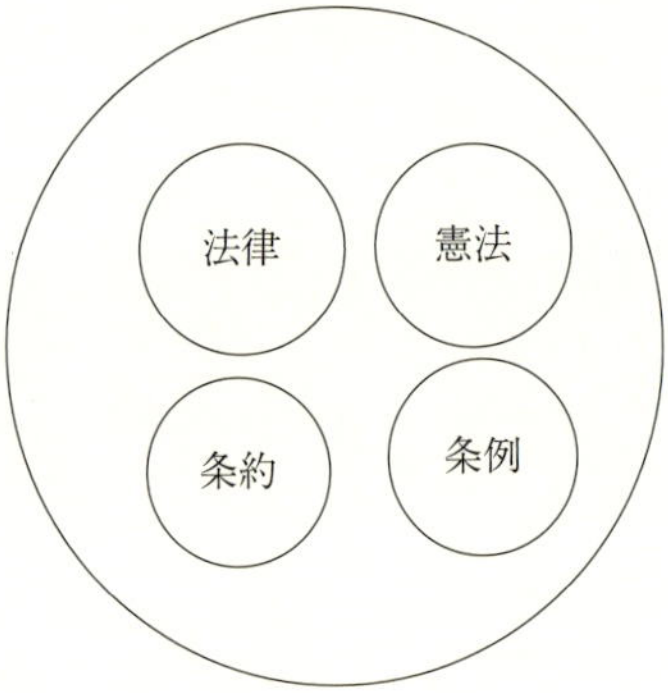

第二章　一年生は、どの六法を買えばよいでしょうか？

私が『六法』を選ぶ基準は、①漢字にルビが振ってあること、②主な法律の改正情報が詳細なこと、③主な法律の目次が掲載されていること、④参照条文が充実していること、⑤判例がついていないこと、以上五つです。しかし、残念ながら、この五つの条件を全て満たしている六法は存在しません。なのでみなさんには自分の好みで選んでいただくしかありません。

法学部に入った学生が通常使うのは、小さい六法です。出版社ごとに書名が違いますが、大体Ｂ６サイズの大きさで、二〇〇〇頁程度。価格も二〇〇〇円前後で販売されています。小さい六法に掲載されている法令は、①理論を学ぶうえで欠かせない法令、②実務上重要な法令、の大きく二つに分かれます。例えば、「大日本帝国憲法」は、①の「理論を学ぶうえで欠かせない（昔の）法令」に当たります。「暴力行為等処罰に関する法律」は、②の「実務上重要な法律」に当たります。

六法には、判例付き六法というものもありますが、《一年生が使う六法は、判例がついていないものがいい》と、私個人は考えています。なぜなら、一年生は、何よりもちゃんと条文を読むことを心掛《こころが》けるべきなのに、判例付きの六法を使うと、判例に目がいってしまって、法律の条文そのものを読み飛ばしてしまう傾向にあるからです。一言で言えば、判例を学ぶことは、一年生には早すぎる、というのが私の考えです。

　その他に、公務員試験に挑戦する法学部生が使う六法として、いわゆる『六法全書』があります。『六法全書』には、日本の現行法が一番多く掲載されています[3]。ですから、六法全書は、ものすごく分厚くて重いです。総ページ数は、六七〇〇頁あまり。重さは、約三・六キロ。価格も一二〇〇〇円以上します。六法全書は、持ち歩くのも、実際に手にとって引くのも大変です。ですから、公務員試験を目指すならばいずれ購入する必要がありますが、一年生には早すぎます。

　司法試験に挑戦しようとする学生は、『司法試験用六法』を使います。『司法試験用六法』とは、司法試験を受験する時に、試験会場で貸与される六法と同じ体裁の六法です。しかし、私個人は、たとえ司法試験に挑戦しようとする学生であっても、学部生には、『司法試験用六法』を使うことを勧めません。法科大学院の既修者コースに進学してから使うように助言します。なぜなら、学習の観点から言えば、「大日本帝国憲法」や「参照条文」が載っていないなど、法理論を学ぶうえで欠かせない事柄（情報）が『司法試験用六法』には掲載されていないからです。試験対策のために『司法試験用六法』を使うことに慣れておくのは、法科大学院に進学してからでも遅くありません。

なお、本当に法律を勉強したいのであれば、六法は毎年、新しい物に、必ず買い替えて下さい。法律はたびたび改正されます。厳密に言えば、即時施行の法律改正がなされると、今現在流通している六法ですら、たちまち古い内容のものとなってしまいます。実際、二〇一〇年に、殺人罪の時効を廃止するという重要な法律改正が行われ、公布日に即日施行されました[4]。

ですから、今年版の六法を持っている人以外は、今からすぐに六法を買いに行って下さい。

次章からは、手元に六法を用意して、この本を読みながら、実際に六法を引いてみて下さい。でないと、この本に書いてある意味が分かりませんので、あしからず。

なお、参考書・副読本として、『条文の読み方』（有斐閣、二〇一二年）もお薦めです。

（３）　一二頁の写真の六法。六法全書にすら掲載されていない法律として、例えば「陪審法」や「下級裁判所の設置及び管轄区域に関する法律」や「裁判所職員定員法」などもあります。このような法律は、総務省が運営するe-Gov（イーガブ）の法令検索を利用するのが簡単です。
http://law.e-gov.go.jp/cgi-bin/idxsearch.cgi

（４）　刑事訴訟法二五〇条が、二〇一〇年（平成二二年）四月二七日に公布・施行された新法（刑法及び刑事訴訟法の一部を改正する法律（平成二二年法律第二六号））によって、公布日と同日に施行されました。その結果、二〇一〇年四月に法学部に入学した学生は、真新しい六法を買ったのに、五月には、買ったばかりの六法が古い（現行法と異なる）情報が掲載された六法になってしまいました。

なお、「時効が成立したので、犯人は逃げきったことになる」等と言われることがありますが、これは、刑事訴訟法二五〇条が定める「公訴の時効」が成立したことを意味するのであって、刑法三二条が定める、「刑の時効」とは別物です。

民法九〇〇条ただし書の改正も、即日施行でした。二〇一三年（平成二五年）一二月五日に国会で可決。天皇に奏上後、同月十一日公布・施行されました。

第三章　法律の探し方

第一節　インデックスから探す（難易度☆）

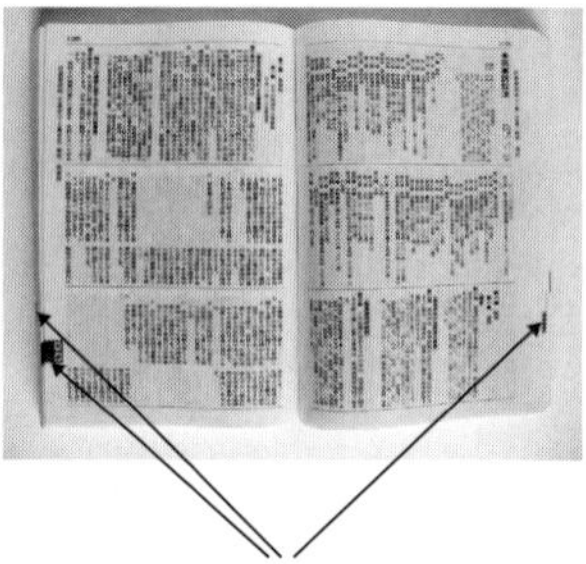

インデックスを使うと、基本六法である「憲法」「民法」「刑法」「商法」「民事訴訟法」「刑事訴訟法」の六つの法律を素早く引くことができるようになります。

次頁《ページ》の写真を参照しながら、手元の六法で確かめて下さい。インデックスとは、頁の横端についている色つきの見出しです。例えば、民法なら、民法一条から最後の一〇四四条まで（六法によっては途中まで）、頁の端に「民法」というイ

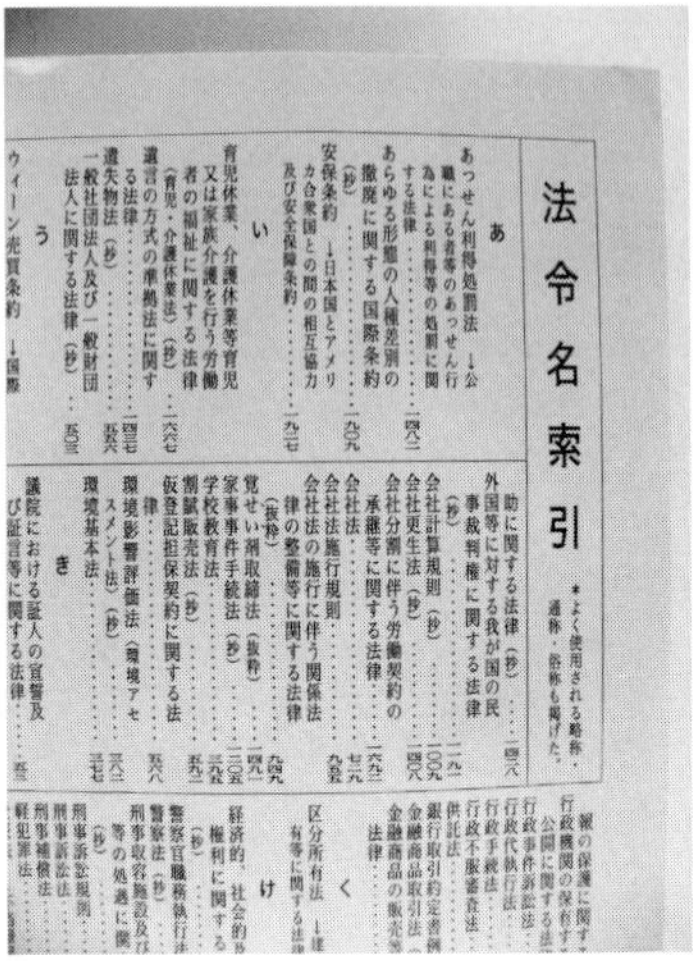

法令名索引

＊よく使用される略称・通称・俗称も掲げた。

あ

あっせん利得処罰法　↓公職にある者等のあっせん行為による利得等の処罰に関する法律

あらゆる形態の人種差別の撤廃に関する国際条約（抄）

安保条約　↓日本国とアメリカ合衆国との間の相互協力及び安全保障条約

い

育児休業、介護休業等育児又は家族介護を行う労働者の福祉に関する法律（育児・介護休業法）（抄）

遺言の方式の準拠法に関する法律

遺失物法（抄）

一般社団法人及び一般財団法人に関する法律（抄）

う

ウィーン売買条約　↓国際

外国等に対する我が国の民事裁判権に関する法律

会社計算規則（抄）

会社更生法（抄）

会社分割に伴う労働契約の承継等に関する法律

会社法

会社法施行規則

会社法の施行に伴う関係法律の整備等に関する法律（抜粋）

覚せい剤取締法（抜粋）

家事事件手続法（抄）

学校教育法

割賦販売法（抄）

仮登記担保契約に関する法律

環境影響評価法（環境アセスメント法）（抄）

環境基本法

き

議院における証人の宣誓及び証言等に関する法律

ンデックスがついています。ですから、基本六法に限って言えば、目的の条文にたどり着く時間は、どの条文であっても、慣れれば七秒前後になるはずです。

　試しに、ストップウオッチを用意して、今から、刑法一八四条を引いてみて下さい。一〇秒内に探し出せた方は、初心者としてはGoodですね。練習を重ねれば、いずれ七秒以内に探せるようになります。

第二節　法令名索引から探す（難易度☆☆）

　自分が探している法律を六法で調べる（引く）場合に、みなさんが知りたい法律の正式名称を知っているのであれば、探すのは簡単です。「法令名索引」（収録された法律のアイウエオ順の索引。大体、表紙の裏にあります）を見て、何頁に掲載されているかを確かめればよいのです。

　索引に限らず六法を読む時に注意すべきことが一つあります。六法は体の正面に置いて、上体をまっすぐにして読んで下さい。体を斜めにして読むと、前後の文を取り違えやすくなります。とりわけ、索引の場合、項目と掲載箇所の数値が正しく結びつきません。試験で写し間違えた学生の原因は、体の姿勢にあります。**体はまっすぐに、六法は正面に！**

それでは、今から、国籍法二条を引いてみて下さい。法令名索引では、「こ」の欄に、「国籍法……○○」と明記されています。○○頁を開くと、国籍法二条がすぐに見つかります。二〇秒以内に探し出せた方は、初心者としては合格です。インデックスがないので、七秒以内は無理だとしても、練習を重ねれば、いずれ一〇秒以内で探せるようになります。

第三節　目次から探す（難易度☆☆☆）

問題　次の名称のうち、略称などではなく、正式な法律名のものはどれでしょうか。

(1)憲法　(2)ドメスティックバイオレンス法　(3)裁判員法　(4)民法　(5)行政法
(6)労働法

正解は、「民法」です。「民法」以外はすべて、正式な法律名ではありません。(1)〜(3)は特定の法律の略称で、⑸⑹はいくつかの法律をまとめた呼び名（総称）なのです。

憲法は、「日本国憲法」の略称です。ドメスティックバイオレンス法は、新聞などでＤＶ法と書かれたり、テレビなどで「ドメスティックバイオレンスほう」と発音されたりしますが、正式名称は、「配偶者からの暴力の防止及び被害者の保護に関する法律」です。裁判員法も、正式名称は、「裁判員の参加する刑事裁判に関する法律」です。

行政法は、簡単に言えば、行政に関する法律をまとめた呼び方です。行政法に属する法律として、具体的には、「内閣府設置法」、「国家公務員法」、「地方公務員法」、「地方自治法」などが挙げられます。同じく、労働法も簡単に言えば、労働者に関わる法律をまとめた呼び方です。労働法に属する法律として、具体的には、「労働契約法」、「労働基準法」、「最低賃金法」などが挙げられます。

この本を読んでいるみなさんは、法律の正式名称をちゃんと（正確に）知っている自信がありますか？　自信がない人の方が多いと思います。では、法律の正式名称を知らない場合、あるいは、誤解していた場合には、どうやって探せばいいのでしょうか。

たとえ正式名称が分からなくても、法学の世界で定着した略称が分かっていれば、調べるのは簡単です。例えば、憲法の場合、どの六法でも、略称である「憲法」が「法令名索引」に掲載されています。そこには、「憲法」の掲載頁が記載されているか、あるいは、「日本国憲法」で索引を引き直せという指示が書かれています。

しかし、法学の世界で定着していない略称となると、法令名索引に載っているとは限りません。六法の編者が当該略称を略称として認めなければ、当該略称は使われません。そこで、法学の世界で定着した略称がない、あるいは正式名称や法学の世界で定着した略称が分からない場合に使うのが、「目次」です。

「目次」では、分野ごとに法令（法律・規則・条約など）がまとめられています。この六法の目次の分類を見て、自分が知りたい法令がどのような正式名称であって、どこに掲載されているかを探していくのです。

目次を使うときに気をつけることが一つあります。それは、法の分類に決まったやり方はない、ということです。まじめな学生ほど、最初の講義で習った分け方を無条件に信じてしまい、無意識のうちにその分け方に固執します。しかし、「それは一つの見方に過ぎない」と達観《たっかん》することが大切です。

例えば、明治の文豪に、「森鷗外」がいます。彼は、「小説家」であり、「翻訳家」であり、「軍医」です。どれも正しいですし、矛盾することではありません。けれど、森鷗外は「ファンタジー小説家」ではありません。要は、分類とは、どういう視点から見ているかを表しているだけなのです。法学の世界でも、ある法律を「〇〇法」に分類できるか否かは、視点の立て方によります。視点の立て

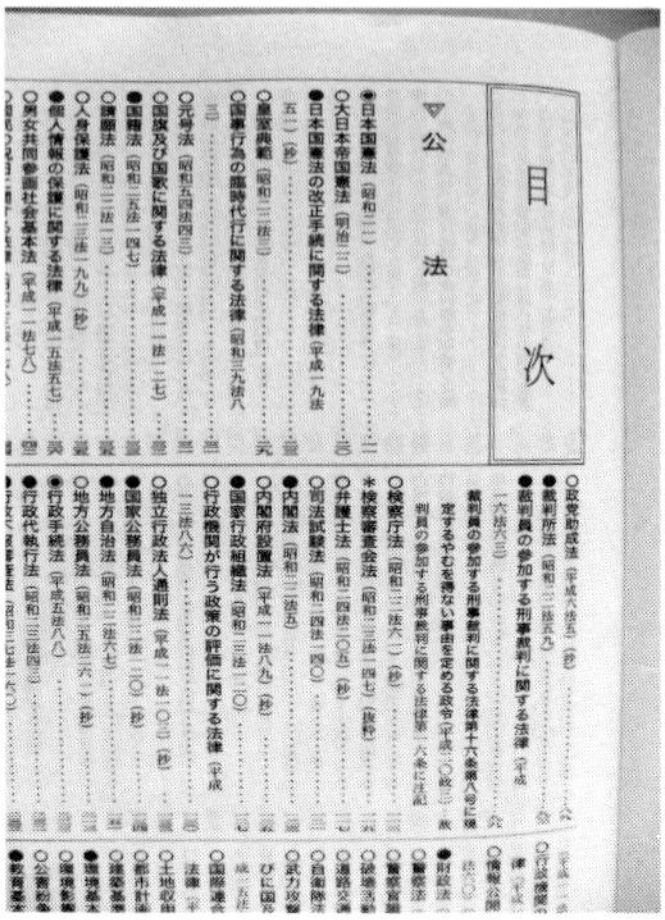

方によって、同じグループになる法律もあれば、絶対に同じグループにならない法律もあります。

具体例を挙げましょう。いわゆるＤＶ法は、犯罪として処罰することを定めている法律ですから（ＤＶ法二九条参照）、刑法と同じ種類の法律だと言えます。そう考える編者は、ＤＶ法を「刑法」に分類します。ところが、ＤＶ法は、暴力を受けた女性が助けを求めて裁判所に「保護命令」を出してもらうための手続も定めています（ＤＶ法一〇条参照）。このように裁判所が困っている人々のために行う手続（悪いことをした人に刑罰を与えるのとは違います）を定めた法律でもあるため、ＤＶ法は手続法であり、それゆえ民事訴訟法と同じ種類の法律だとも言えます。そして、そう考える編者は、ＤＶ法を「民事法」に分類します。さらには、ＤＶ法は、いわゆるシェルターについて定めていますから（ＤＶ法三条）、「生活保護法」と同じく、行政機関が助けを求めている人を援助する法律だと考える人もいます。そう考える人は、ＤＶ法を「社会法」に分類します。要は、どういう視点から、見ていくか（分類していくか）で、結論が違っているだけです。矛盾しているわけではありません。

そして、六法において、どのような視点に立つのかを決めるのは、編者です。ですから、編者が違えば（六法が違えば）、分類（掲載箇所）が変わってきます。同様に、いわゆる裁判員法は、刑法に分類されることもあれば、司法に分類されることもあります。(5)

（5）　いわゆる「裁判員法」の正式名称は、「裁判員の参加する刑事裁判に関する法律」です。この法律は、二〇一三年版の『岩波基本六法』では、刑事手続法に分類され、一八三五頁に掲載されています（岩波書店は、二〇一三年を最後に六法の刊行を終了しました）。『デイリー六法』（平成二六年版）では、刑事訴訟法編に分類され、一六三五頁に掲載されています。しかしながら、『ポケット六法』（平成二六年版）では、公法に分類され、九九頁に掲載されています。

第四節　法律の探し方のまとめ

このように、ある法律が六法のどの当たりに掲載されているかは、六法によってマチマチです。従って、六法を使い始めた時は、①インデックスを使う、②インデックスのない法律は、法令名索引か目次から調べる、これ以外の方法はありません。そうなると、②の場合、どうしても二〇秒前後の時間がかかります。しかし、自分の持っている六法の視点、編者の考え方が飲み込めるようになると、自分の探している法律がどこの分野に属しているか、換言すれば、民法の後に掲載されているのか、それとも刑法の後なのか、見当がつけられるようになります。さらに言えば、自分が一度調べたことのある法律ならば、どの当たりにあるかは、六法を引いた回数に比例して、自然と覚えていきます。その結果、学部生が勉強するレベルの法律は、——インデックスが付いていようがいまいが——どんな法律も、究極的には、一〇秒以内に引けるようになる！……はずです。

第四章　法律について六法から得られる情報

第一節　情報の掲載箇所

手元にある六法で、民法を開いてみましょう。
傍線部①　法令の正式名称です。「民法」が正式名称です。
傍線部②　法令の公布日を示しています。民法は、明治二九年四月二七日に公布されました。
傍線部③　法令番号を示しています。民法は、明治二九年の法律第八九号です。
傍線部④　法令の施行日を示しています。民法は、明治三一年七月一六日に施行されました。
傍線部⑤　施行根拠を示しています。民法は、明治三一年の勅令第一二三号に基づいて施行されました。

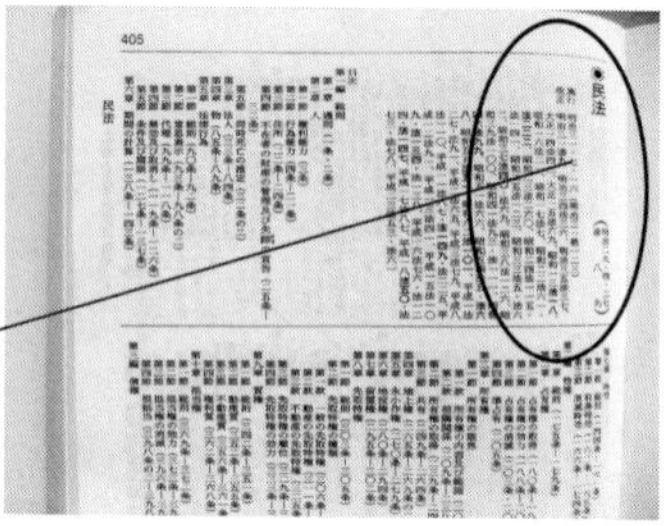

◉（6）
①民法（②明治二九・四・二七 ③法 八 九）
施行　④明治三一・七・一六（⑤明治三一勅一二三）
改正　⑥明治三一法九、明治三四法三六、（……省略……）、平成一八法五〇、法七三、法七八、平成二三法五三、法六一

傍線部⑥　法令改正の法令番号です。ここが詳細に記載されている六法だと、改正の歴史が分かります。民法は、明治三一年に最初の改正が行われ、当該改正の法令番号は、明治三一年の法律第九号です。それ以降、これまでに、合計何回改正されたのかも数えれば分かります。

（6）◉は、『ポケット六法』の独自情報です。『ポケット六法』の編者が、最も重要な法律だと考えている法律には、◉のマークがついています。この種の記号は、六法の凡例《はんれい》で確認して下さい。

第二節　公布・施行・改正の期日

1　公　布

「公布」とは、《○○という法律が作られたこと、そして○○という法律の具体的内容》をすべて公表して、一般の人々に知らせることです。ただし、特殊な省令などは、公布が省略されることもあります。

公布の方法について明確な決まり（法律の規定）はありません。しかし、慣例によって、「官報」に掲載すると公布したことになる、とされています。官報というのは、簡単に言えば、国が発行する新聞みたいなものです。従って、下線部②の法令の公布日とは、実際には、官報に掲載された年月日を表しています。

公布の時期については、国会で法律が成立した後、天皇に奏上《そうじょう》され、奏上された日から三〇日以内に公布されることになっています（国会法六五条、六六条）。

2　施行《せこう・しこう》(7)

「施行」とは、法律が効力（強制力）を持つことです。ですから、「施行後は法律を守らなかったから、それなりの不利益（ペナルティ）を被《かぶ・こうむ》ることになっても自業自得。文句は言えませんよ」ということです。

施行の期日については、「法の適用に関する通則法」という法律の二条に規定があります。この規定によれば、法律は公布の日から起算して二十日を経過すると、自動的に施行されます。しかし、実際には、これとは異なる扱いをすることがほとんどです。(8)

施行の方法・時期には、大別すると、①予め法律（条文または附則《ふそく》）に施行日を書いておく方法と、②政令（内閣）などで施行日を決めるよう委ねる方法、の二種類があります。前者の例として、憲法一〇〇条一項を、後者の例として、民事訴訟法附則一条を読んで下さい。

(7)　施行の読み方は二つあります。「せこう」と「しこう」です。『学習六法〔八版〕』（日本評論社、二〇一三年）五頁には、法令用語の複数の読み方がまとめて例示してあります。

(8)　『条文の読み方』は、五つの方法を紹介しています。法制執務用語研究会『条文の読み方』一四四頁。

3　改　正

「改正」とは、法律の文言・内容を改めることです。そして、たとえ一文字であっても法律の原文を変えるためには、必ず法律を「改正」しなければなりません。

例として、民法一五一条を見て下さい。現行法の文言は、「家事事件手続法」となっていますが、平成二二年までは、民法一五一条の文言は、「家事審判法」でした。平成二三年に「家事審判法」が廃止され、「家事事件手続法」が作られたのに伴って、民法一五一条の規定の文言も、《「家事審判法」→「家事事件手続法」》に改められたのです。このように単語を書き改めるためだけに、民法が平成二三年に改正されたのです。

4　法令番号と施行根拠——裁判では過去の法律が蘇《よみがえ》る

「法令番号」とは、簡単に言えば、法令を法律や政令などの種別に分けて、それぞれの種別ごとに付けた通し番号です。「施行根拠」も同様です。第一章の民法の例の傍線部②の「法律の公布日」であれ、傍線部④の「法律の施行日」の公布日であれ、日付が分かれば、その日の官報を読むと、公布や施行の有無や内容を確認できます。しかし、普通の人は官報なんて持っていません。古い官報を探すのも大変です。そこで便利なのが、「法令全書」です。「法令全書」とは、官報に掲載された法令情報を集めた本（定期刊行物）です（国会図書館や大学の図書館にあります）。「法令全書」を調べる時に役立つのが、傍線部③⑤のような「法令番号」「施行根拠」です。これらの番号などが分かると、官報に記載された原文を「法令全書」で簡単に調べることができます。

民法を例にすると、民法の条文の原典を確認するためには、法令全書の「明治二九年の法律第八九号」を読めばいい、となります。民法の施行日が本当に「明治三一年七月一六日」であったかを確認するためには、同じく法令全書の「明治三一年の勅令《ちょくれい》第一二三号」を読めばいい、となります。なお、明治時代は、「大日本帝国憲法」の時代です。そのため、今と仕組みが違って、勅令という制度がありました。「勅令」は、簡単に言えば、天皇の命令ということです。現代だったら、通常、「政令」で定められます。

このように法令番号が分かると、現行法が改正される前の条文の内容も調べられます。こう言うと、学生からは「ふ〜ん」「へぇ〜」位の反応しか返ってきません。けれども、昔の法律の内容を調べることは、実務上は、大変重要です。なぜなら、現実の裁判（訴訟）は、事件が起きた当時の法律を適用して結論（判決）を下すからです。つまり、理論的には、裁判所は現行法を使っていません。事件当時の過去の法律を使うのです。裁判所が現行法を用いるのは、現在の手続の進め方であったり、改正法が遡及効を持ったりする場合に限られます。もっとも、実際の裁判では、事件当時の法律がその後に改正されてしまっていたというケースは滅多にありません。ですから、ほとんどの人が無自覚に現行法を適用すればよいと思い込んでいます。ですが、それはあくまで結果論であって、理論上、裁判で適用されるのは、あくまでも現行法ではなく、事件当時の過去の法律なのです。

第三節　「公布→施行」というプロセス（過程）

「公布」「施行」の言葉の意味が本当に分かるようになるためには、そもそも、「法律は国会で作られただけでは、人々が守らなければいけないルール（規範）にはならない」ということを理解する必要があります。つまり、「法律が公布・施行されない限り、国会で成立した法律であっても、私たちは守らなくてもよい」のです。従って、たとえ事件当時に法律が成立していても、当該事件が施行前に起こっていたのであれば、裁判では、その法律は適用されません。それはなぜでしょうか。

そもそも、現行憲法のもとでは、法律は、国会が作ります。しかし、国会で作られただけでは、一般の人々はどういう内容の法律が作られたのかが分かりません。新しい法律の具体的内容が分からないのに、新しい法律を守れと言われても、私たちには守りようがありません。ですから、一般の人々に対して法律が拘束力をもつようにする（例えば、法律を守らなかった人に罰金を科す）ためには、成立した法律の具体的内容をすべて公表して、「一般の人々に知らせること」＝「公布」が必要になります。

法律は、「成立→公布→施行」というプロセス（過程）で進みます。しかし、このプロセスにピンとこない学生もいます。学生は心の中で、「善は急げ」「『公布＝施行』でよい」と考えているのでしょう。彼らの考えには、一理あります。ですが、現実的ではありません。

具体的に考えてみましょう。例えば、防災の観点から、子どもにヘルメットの着用ないし携帯を義務づける法律を公布したとします。しかし、このような内容の法律を公布した日から守れと言われても、無理です。お金をすぐに用意できない人もいるでしょう。そもそも、子ども用の防災用ヘルメットは、子どもの数より少ない個数しか市場にはありません。買いたくても買えない人がたくさん出てきます。子どもにヘルメットを買ってあげなかった親は、買えない理由が何であれ、子どもの命を守るための法律に違反をしているのですから、法律違反で罰を科されても、文句は言えないことになってしまいます。でも、それがまともな国家（法治国家）のやること、法律のやることなのでしょうか。

結局、法律を作っただけでは、問題は解決しません。人々が新しく作られた法律を守れるような状況を整えることもまた大切なのです。そのためには、時間が必要です。ですから、人々が非常に努力しなければ守ることができない法律ほど、「公布→施行」までに長い時間を必要とします。私の知る限り、「公布→施行」まで最も長い時間がおかれたのは、いわゆる裁判員法です（みなさんもこの法律の公布日と施行日を手元の六法で確認して下さい）。反対に、公布された日に即日施行されたものとして

は、刑事訴訟法二五〇条の改正があります。(9)

(9)　注（4）参照。

第四節　立法は玉突き現象を起こす

ところで、改正情報（第一節傍線部⑥）こそが「立法は玉突き現象を引き起こす」ということを物語っています。従って、改正情報が逐一掲載されている六法を読むと、「法律はちゃんと筋が通る（辻褄《つじつま》が合う）ように、これだけたくさんの調整を重ねているし、重ねなければならない」ことが、ぱっと見ただけで、誰の目にも明らかになります。みなさんも、六法を開いて、憲法の改正情報の有無と、民法の改正情報を見比べてみて下さい。民法が調整（改正）に調整（改正）を重ねているのが分かるでしょう。

ところが、改正情報を省略している六法だと、このような調整の歴史に関する情報が割愛《かつあい》（省略）されてしまっているので、学生は、このような六法を読んでも、調整が重ねられていることが、視覚的に分かりません。視覚的に分からないから、学生は「法律なんて、所詮、お勉強ができる人がちゃちゃっと適当に作っているんだろう」と誤って思い込むのだと、私個人は考えています。

具体的に説明しましょう。平成一八年に民法が改正され、平成二〇年に施行されました。[10]この時、民法の三三条二項が追加されました。つまり、施行時より前には、民法三三条二項は存在していなかったのです。

なぜ、このような民法改正が行われたのでしょうか。実は、平成一八年に、いわゆる「一般法人法」という新しい法律が作られました。[11]「一般法人法」が作られるとなると、民法との間に困った問題が起きます。なぜなら、民法には、「法人」の規定があるからです（民法三三条〜八四条）。そのため、民法の法人の規定と、「一般法人法」の規定のどちらを適用すべきか、という疑問が生じてしまいます。学生の言葉を借りれば、「民法と一般法人法のどっちが偉いのですか？」ということです。

答えは、対等です。どっちが偉いという問題にはなりません。法の序列（ヒエラルヒー）について言えば、憲法は別格（最高法規）ですが、こと法律同士の話に限って言えば、対等です。法律の間に序列はありません。[12]学生の中には、「民法が一番偉い。だから、民法が何よりも真っ先に適用される」と思い込んでいる人がいますが、それは間違いです。「じゃあ、民法と一般法人法のどっちを優先適用すべきなのですか」という疑問に対する回答は、《法は、そういう問題が起きないように、新しい法律を作るときには、同時に民法も改正して、問題の解決を図る》というのが答えです。

例えば、民法三三条二項は「この法律その他の法律の定めるところによる」と明記することで、民法と一般法人法のどちらも守れ、と明確に指示しています（商法一条一項の書き方と違うことに注意すること(13)）。そして、一般法人法の規定とぶつかる（矛盾する）虞《おそれ》のある民法の条文を削除しています（民法三八条〜八四条）。

このように、新しい法律を作るときは、既にある法律（既存の法律）と矛盾しないよう、調整を図るのです(14)。新しい法律だけ作ればいいという問題ではないのです。

(10)　平成一八年法律五〇号の改正です。この改正法の正式な法令名は、「一般社団法人及び一般財団法人に関する法律及び公益社団法人及び公益財団法人の認定等に関する法律の施行に伴う関係法律の整備等に関する法律」です。そして、この法律の三八条に「民法の一部改正」が規定されています。施行日は、平成二〇年一二月一日です。

(11)　正式な法令名は、「一般社団法人及び一般財団法人に関する法律」です。

(12)　「後法は前法に優先する」とか「特別法は一般法を破る」という法原則は、対等な法律同士の効力の問題に関する原則です。本来は、このような原則によるべきではなく、立法による解決が最も望ましいのです。田中英夫編著『実定法学入門〔第三版〕』（東京大学出版会、一九七四年）八七頁、団藤重光『法学入門〔増補版〕』（筑摩書房、一九七三年）七八頁。

(13)　商法一条一項は「他の法律に特別の定めがあるものを除くのほか、この法律の定めるところによる」となっています。

（14）既存の法との調整の検討など、立法作業を支える仕事をしているのが、内閣法制局、衆議院法制局、参議院法制局です。

第五節　法治国家という矜持《きょうじ》

ここまで読むと、法は、「法律を作ったんだから守れ」などと、いきなり無茶なことは言わない。それなりに、ちゃんと対策を講《こう》じたうえで、「法律を守れ」と言っているのが分かると思います。その証左《しょうさ》（証拠）が、公布・施行・改正情報（第一節傍線部②～⑥）なのです。

国は、法治国家の威信にかけて、手間暇をかけて、法律どうしの齟齬《そご》や矛盾を排除し、国民が法律を守れるようになるまでの時間を与えて、（少なくとも表層的には）きちんと法律を作り上げています。単語一個も疎かにしない。それは法治国家としての矜持《きょうじ》です。

第五章　法律の目次

1　目次の意義

手元にある六法で、憲法を開いてみましょう。このように憲法には、目次があります。憲法に限らず、ほとんどの法律には、目次があります[15]。この「法律の目次」は、非常に大切です。なぜなら、法律の目次をみると、法律の構造（アウトライン）が分かるからです。そして、法律の構造が分かると、条文の番号を暗記していなくても、知りたい情報に関わる条文がどこにあるのか、大体の見当がつけられます。要するに、目次を見ると、知りたい情報に関する条文の番号の目安がつくのです。とりわけ、民法や会社法のように大量に条文がある法律や、自分が初めて読む法律の場合には、絶大な威力を発揮します。

法律の条文は、でたらめや、思いつきで並んでいる訳ではありません。一定の決まりに従って、並んでいます。具体的には、総論（総則）から各論（各則）[16]へ、原則から例外へ、そして時系列で並ん

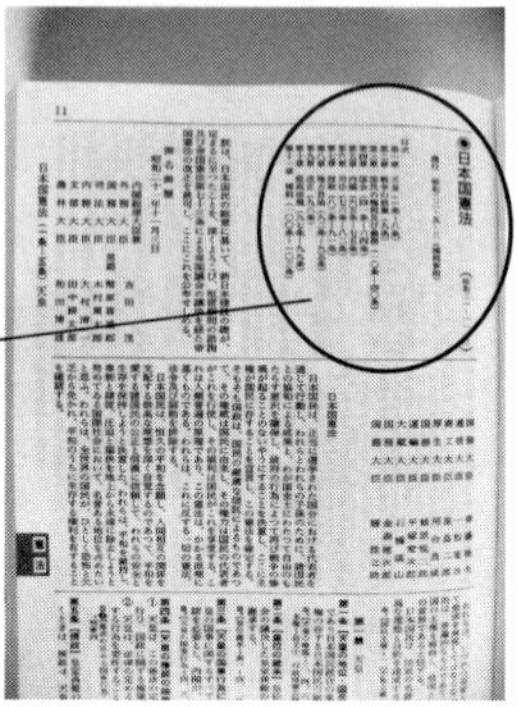

ここに注目

◎日本国憲法　（昭和二一・一一・三）
施行　昭和二二・五・三（補則参照）
目次
第一章　天皇（一条―八条）
第二章　戦争の放棄（九条）
第三章　国民の権利及び義務（一〇条―四〇条）
第四章　国会（四一条―六四条）
第五章　内閣（六五条―七五条）
第六章　司法（七六条―八二条）
第七章　財政（八三条―九一条）
第八章　地方自治（九二条―九五条）
第九章　改正（九六条）
第十章　最高法規（九七条―九九条）
第十一章　補則（一〇〇条―一〇三条）

でいます。

(15)　憲法の場合、「目次」→「前文」→「条文」の順番となっています。しかし、通常の法律には、前文がありません。また、国籍法のように目次がない法律もあります。

(16)　民法の場合、総則→通則→各則と並んでいます。とりあえず、総則・通則は共通ルール、各則は個別のルールと思って下さい。総則については、『条文の読み方』一〇頁参照。

2　総論（総則）

総論（総則）とは、一般原則（全体に共通するルール）のことです。

例えば、民法四条によって、人は二〇歳になったら、法律上大人（成年）になることが決められています。しかし、なぜ、この規定は民法四条にあるのでしょうか。

法的に大人になるとは、《親の許可がなくても、自分の意思だけで決定・行動できる》、ということです。具体的には、携帯電話を買ったり（売買契約）、結婚したり（婚姻）、親の遺産を放棄したり（相続放棄）することが自由にできるということです。「二〇歳以上が大人である」ということは、民法第二編の物権の問題から民法第五編の相続の問題まで、すべての問題に関わり、かつ共通して用いられる規範（ルール）となっています。従って、民法の総則に規定されるべき事柄となります。

3　各論（各則）

各論（各則）とは、全体に共通するルールである総論（総則）と反対に、特定の分野（問題）にのみ、用いられる規範のことです。

例えば、「未成年でも、親の許可があれば、女の子は一六歳で結婚できる」ということは、契約とは何の関係もありません。婚姻（結婚）に特有（固有）の規範です。ですから、「未成年でも、親の許可があれば、女の子は一六歳で結婚できる」という規定は、総則ではなく、「第四編　第二章　婚姻」のどこかに書いてあるだろうと見当がつけられます。具体的には、後に述べます。

4　時系列

例えば、民法七三九条には、《婚姻届を出さないと、正式な結婚とは認められない》ことが定められています。民法七五二条には、《夫婦は助け合って生活しなければならない》ことが規定されています。民法七六三条には、《夫婦が話し合ってお互いが納得すれば、離婚できる》ことが定められています。番号の順番は、《結婚するための条件→結婚した場合に生じる夫婦の義務→離婚するための条件》となっています。決して、《離婚するための条件→結婚するための条件→結婚した場合に生じる義務》とはなっていません。現実の時系列に沿って、法律の規定も定められています。

第六章　条文の見出し

手元にある六法で、憲法一条を開いてみましょう。次に、民法一条も開いて、憲法一条と見比べてみて下さい。

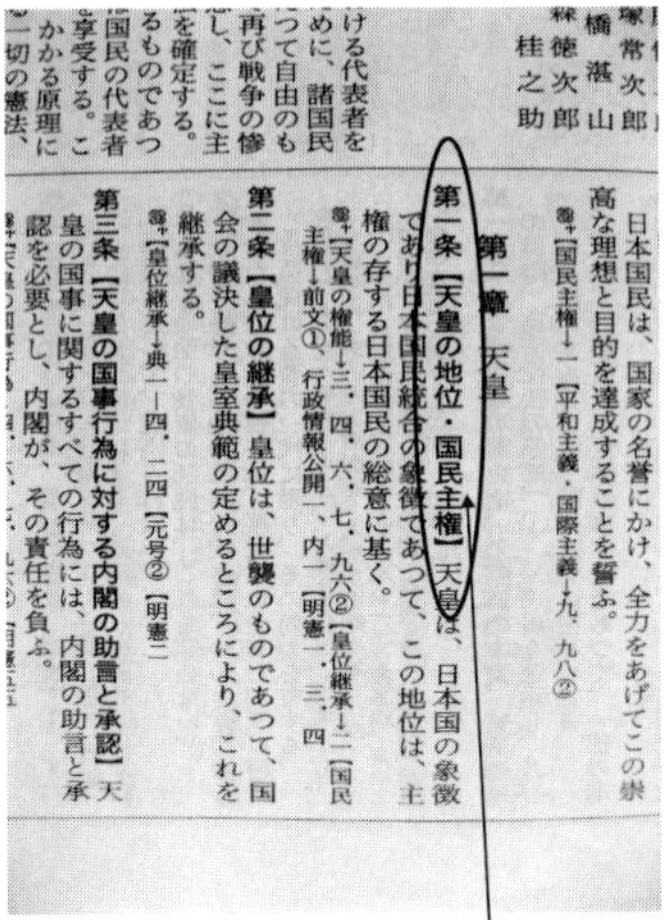
日本国民は、国家の名誉にかけ、全力をあげてこの崇高な理想と目的を達成することを誓ふ。
参↑〔国民主権↓一〔平和主義・国際主義↓九、九八②

第一章　天皇

第一条【天皇の地位・国民主権】天皇は、日本国の象徴であり日本国民統合の象徴であつて、この地位は、主権の存する日本国民の総意に基く。
参↑〔天皇の権能↓三、四、六、七、九六②〔皇位継承↓二〔国民主権↓前文①、行政情報公開一、内一〔明憲一、三、四

第二条【皇位の継承】皇位は、世襲のものであつて、国会の議決した皇室典範の定めるところにより、これを継承する。
参↑〔皇位継承↓典一—四、二四〔元号②〔明憲二

第三条【天皇の国事行為に対する内閣の助言と承認】天皇の国事に関するすべての行為には、内閣の助言と承認を必要とし、内閣が、その責任を負ふ。

ここに注目

このように、憲法第一条には、【　】のついた語句「天皇の地位・国民主権」があります。これが憲法の見出しです。憲法は、第○条↓見出し↓本文という構成になっています。

反対に、民法第一条には、（　）のついた語句「基本原則」があります。これが民法の見出しです。民法は、見出し↓第○条↓本文という構成になっています。

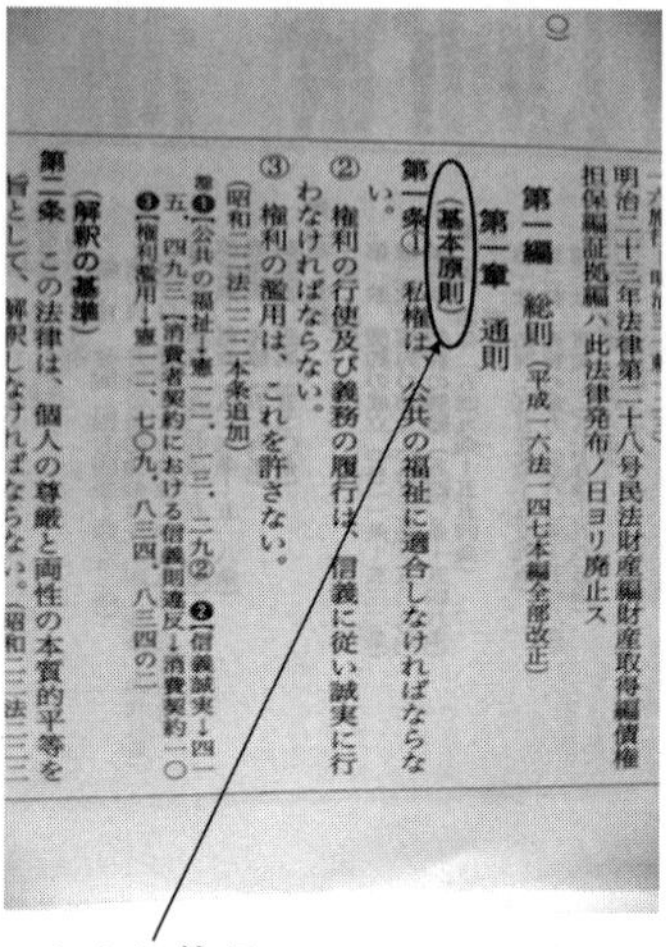

明治二十三年法律第二十八号民法財産編財産取得編債権担保編証拠編ハ此法律発布ノ日ヨリ廃止ス

第一編　総則（平成一六法一四七本編全部改正）

第一章　通則

（基本原則）

第一条①　私権は、公共の福祉に適合しなければならない。

②　権利の行使及び義務の履行は、信義に従い誠実に行わなければならない。

③　権利の濫用は、これを許さない。

（昭和二二法二二二本条追加）

参❶〔公共の福祉→憲一二、一三、二九②　❷〔信義誠実→四一五、四九三〔消費者契約における信義則違反→消費契約一〇　❸〔権利濫用→憲一二、七〇九、八三四、八三四の二

（解釈の基準）

第二条　この法律は、個人の尊厳と両性の本質的平等を旨として、解釈しなければならない。（昭和二二法二二二

ここに注目

憲法と民法では、見出しの位置が違います。第○条の前か後かと言うと、憲法は後、民法は前です。憲法と民法では、見出しの記号も違います。憲法は【　】で、民法は（　）です。

このような憲法と民法の見出しの違いは、法律の原文に書いてあるか否かの違いから生じています。憲法の見出しは、法律の原文には書いてありません。六法を出版するにあたり、六法の編者が（任意に）つけたものです。例えば、『司法試験用六法』には、憲法の見出しは記載されていません。そして、六法ごとに、憲法の見出しの記号【　】、位置（○条の後）、見出しの語句（天皇の地位・主権）が異なります。出版社が同じでも、編者が違うなら、見出しの何かが違います。全く同一の六法はありません。反対に民法の見出しは、既に法律の原文に書いてある見出しです。従って、民法は見出しの記号（　）、位置（○条の前）、見出しの語句（基本原則）、すべてがどの六法を見ても同じです。

『岩波基本六法』、『デイリー六法』、『ポケット六法』の違いを表にまとめたのが、次の表です。こ

の表と自分の持っている六法の表記を見比べて下さい。

【表　憲法三条を例とした、見出しの表記の違い】

書　名	カッコの種類	カッコの位置	見出し
岩波基本六法	（　）	（　）→第三条→本文	国事行為に対する内閣の助言・承認と責任
デイリー六法	［　］	第三条→［　］→本文	天皇の国事行為と内閣の責任
ポケット六法	【　】	第三条→【　】→本文	天皇の国事行為に対する内閣の助言と承認

第七章　参照条文

手元にある六法で、憲法三三条を開いてみましょう。

このように、憲法三三条の条文の最後に掲載されているのが、「参照条文」です。「参照条文」には、《条文の解釈や運用を勉強する場合に、ついでに一緒に見ておいた方がよい》と六法の編者が考えた条文が列挙されています。『司法試験用六法』には参照条文が記載されていません。しかし、この情報（参照条文）を入手するために、市販の六法を買うと言っても過言ではありません。学生のみなさんは、できるだけたくさん参照条文に目を通して下さい。目を通せば通すほど、芋づる式に知識が増えていきます。

問題　憲法三三条に書いてある「司法官憲」とは、具体的にどういう人でしょうか。

実は、参照条文を辿《たど》れば、この問題の答えは出てきます。はっきり言って試験前に「司法官憲＝○

〇」などと暗記する必要は全くありません。学生は暗記に頼りがちですが、暗記に頼る前に、参照条文の使いこなし方を修得する方が大切です。学生には、できるだけ早い段階（一年生のうち）に参照条文を活用することに慣れてほしいなと思います。

「司法官憲」の意味の調べ方については、次編で述べます。

第三一条【法定の手続の保障】何人も、法律の定める手続によらなければ、その生命若しくは自由を奪はれ、又はその他の刑罰を科せられない。
【法定の手続↓七七、刑訴、警職、人権B規約九、児童約三七【明憲二三
第三二条【裁判を受ける権利】何人も、裁判所において裁判を受ける権利を奪はれない。
十三七【裁判所↓七六、裁【公正迅速な裁判↓三七①、民訴二【人権B規約一四1【明憲二四
第三三条【逮捕の要件】何人も、現行犯として逮捕される場合を除いては、権限を有する司法官憲が発し、且つ理由となつてゐる犯罪を明示する令状によらなければ、逮捕されない。
十【現行犯↓刑訴二一二【現行犯逮捕↓刑訴二一三―二一七【緊急逮捕↓刑訴二一〇・二一一【令状↓刑訴一九九ETC、警職三【人権B規約九【明憲二三
第三四条【抑留・拘禁の要件、不法拘禁に対する保障】何人も、理由を直ちに告げられ、且つ、直ちに弁護人に依頼する権利を与へられなければ、抑留又は拘禁されない。又、何人も、正当な理由がなければ、拘禁されず、要求があれば、その理由は、直ちに本人及びその弁護人の出席する公開の法廷で示されなければなら

第三三条【逮捕の要件】何人も、現行犯として逮捕される場合を除いては、権限を有する司法官憲が発し、且つ理由となつてゐる犯罪を明示する令状によらなければ、逮捕されない。

⌘†【現行犯↓刑訴二一二【現行犯逮捕↓刑訴二一三―二一七【緊急逮捕↓刑訴二一〇・二一一【令状↓刑訴一九九ETC、警職三【人権B規約九【明憲二三

この線で囲った部分全部が参照条文。

第八章　条文の探し方

1　必要な条文を法律の中から探す

最も基本となる「必要な条文を法律の中から探す手順」をまとめると、以下七つのステップとなります。補助的な方法として、参照条文を辿《たど》っていくやり方もあります。

【条文の探し方（基本的方法）】

①　知りたい事柄が、何の（どの）法律の問題なのか、当たりをつける。
②　当たりをつけた法律の掲載箇所を、インデックス・法令名索引・目次から調べる。
③　当たりをつけた法律の目次を読む。
④　法律の目次で、目を通すべき条文の番号に当たりをつける。
⑤　当たりをつけた条文の見出しだけを読んでいく。

⑥　その中に、これはと思う条文があったら、初めて、条文全部を読んでみる。
⑦　念のため、前後の条文も全部読んでみる。

【条文の探し方（補助的方法）】
参照条文を辿《たど》る。

2　問題①　女性が結婚できる年齢

問題一　女性が結婚できる年齢は何歳ですか？
また、その根拠法条は何ですか？

まず、女性が結婚するという話ですから、民法の問題だと予測がつきます。民法ならインデックスがあります。そこで、インデックスを使って、民法の目次を開きます。

民法の目次を読むと、「第四編　親族　第二章　婚姻　第一節　婚姻の成立　第一款《かん》　婚姻の要件」は、（七三一条―七四一条）となっています。

そこで、民法七三一条から七四一条まで、条文の「見出し」だけを読みます。すると、民法七三一条の見出しは、（婚姻適齢）となっているので、これかもしれないと当たりがつきます。そこで、民法七三一条を全部読んでみます。

（婚姻適齢）
第七三一条　男は、十八歳に、女は、十六歳にならなければ、婚姻をすることができない。

これを読むと、《女性が結婚できる年齢は十六歳であり、根拠法条は、民法七三一条である》ことが分かります。念のために、前後の条文も読んで、根拠法条が民法七三一条で間違いないことを確かめましょう。「親の同意」が必要かどうかも、同じ方法で調べられます。(17)

(17)　民法七三七条一項だと突き止められたら、お見事。合格です。

3　問題②　司法官憲

問題二　憲法三三条に書いてある「司法官憲」とは、具体的にどういう人でしょうか。

まず、憲法三三条を開きます（四七頁の写真参照）。

第三三条【逮捕の要件】何人も、現行犯として逮捕される場合を除いては、権限を有する司法官憲が発し、且つ理由となつてゐる犯罪を明示する令状によらなければ、逮捕されない。
⌘†【現行犯→刑訴二一二【現行犯逮捕→刑訴二一三－二一七【緊急逮捕→刑訴二一〇・二一一【令状→刑訴一九九ETC、警職三【人権B規約九【明憲二三

司法官憲の定義に関する規定は、憲法にはありません。従って、司法官憲の憲法上の意味は、極論すれば、藪の中。答えは出ません。けれども、憲法が認める範囲内の意味で、現行法が司法官憲の意味をどのように定義しているかを突き止めることは可能です。憲法三三条は、一般市民の権利について書かれた規定です。ですから、司法官憲についての情報の読み取り方が分からない学生もたくさんいます。でも大丈夫です。憲法三三条が司法官憲について述べているのは、「司法官憲は令状を発する」ということだけです。それ以外の情報は、《一般市民がどういう場合に逮捕されるか》という問題に関わる情報であって、司法官憲とは直接関係がありません。ですから、キーワードは、「司法官憲」と「令状」となります。参照条文には、「司法官憲」という単語は出てきませんが、「令状」という単語は出てきます。参照条文は、令状について、「刑事訴訟法一九九条を見て」と指示しています。

そこで、刑事訴訟法一九九条を読むことになりますが、ここでは一項だけを読んでみましょう。

第一九九条【逮捕状による逮捕の要件】一項　検察官、検察事務官又は司法警察職員は、被疑者が罪を犯したことを疑うに足りる相当な理由があるときは、裁判官のあらかじめ発する逮捕状により、これを逮捕することができる。ただし、三十万円（刑法、暴力行為等処罰に関する法律及び経済関係罰則の整備に関する法律の罪以外の罪については、当分の間、二万円）以下の罰金、拘留又は科料に当たる罪については、被疑者が定まつた住居を有しない場合又は正当な理由がなく前条の規定による出頭の求めに応じない場合に限る。（平成三法三一本項改正）

刑事訴訟法一九九条一項には「裁判官のあらかじめ発する逮捕状により」とはっきり書いてあります。従って、司法官憲とは何かという問題の（刑事訴訟法の文字通り解釈としての）解答は、「裁判官」となります。(18) ただし、「裁判官」が正解であって、「裁判所」と回答したら、アウト。０点です。定期試験にこの問題を出すと、根拠法条が刑事訴訟法一九九条と正しく書けているのに、「裁判所」と写し間違える答案が続出します。ざっくり言って、四五％前後が写し間違えています。油断大敵。最後まで気をつけて下さい。

（18）　学説上、かつては司法官憲に検察官が含まれるとする見解も存在していましたが、現在は、「裁判官のみを指す」と解されています。田宮裕『刑事訴訟法〔新版〕』（有斐閣、一九九六年）七四頁参照。

第九章　資料集

多くの六法の後ろには、資料集として、各種の《ひな形》《様式・記載例》《統計資料》等が掲載されています。これらの資料からも、様々な情報を得ることができます。例えば、ある六法には、次のような終局区分の表が掲載されています。

表：3–12 通常第一審における終局人員の終局区分（地裁・簡裁総数）（平成二三年）

この表をみると、日本の刑事裁判（訴訟）での有罪率が、九七・六％だと分かります。ただし、数値は所詮数値にしか過ぎません。この数値をどのように評価するかは、あなた次第ということになります。例えば、あなたは、次の二つの見解のどちらが正しいと思いますか。(19)

見解①：アメリカのある州の有罪率は五〇％台である。日本の刑事裁判の有罪率が九七％以上ということは、日本の裁判所が、被告人側の主張にろくに耳を傾けず、検察官の主張を鵜呑みにしていることを表している。日本では、「疑わしきは被告人の利益に」という原則が事実上、裁判において機能していないことを証明する数値である。このような数値は、法治国家として恥ずかしい限りである。日本の裁判官が「起訴されるなんて悪いことをしたに決まっている」という偏見を捨てれば、日本でも自ずと有罪率が五〇％台になるはずである。

見解②：アメリカのある州の有罪率は五〇％台である。日本の刑事裁判の有罪率が九七％以上ということは、日本の検察官が、有罪の証拠が十分にない限り、たとえどんなに疑わしい容疑者がいても、軽々しく起訴していないことを表している。日本では、検察官が自ら率先して「疑わしきは被告人の利益に」という原則を実践していることを証明する数値である。このような数値は、法治国家として世界に誇るべきことである。アメリカの検察官も、証拠が十分にない限り軽々しく起訴しないようにすれば、アメリカでも自ずと有罪率が九七％前後になるはずである。

見解①②を比較するだけでなく、みなさんは、比較の対象国をアメリカだけでなく、国連加盟国一九三カ国に置き換えて考えてみて下さい。

(19)　無論、このような見解に対して、「アメリカと日本では刑事裁判の仕組みが違うから、数値（統計）の比較はできない。比較は無意味である」という第三の見解も成立します。しかし、ここで私が問題としているのは、「あなたは数値（統計）をどのように評価するのか」ということです。そもそも、「日本と外国の比較は、文化・制度が違うから意味がない」と言い出せば、あらゆる統計において、日本と外国との比較は無意味になってしまいます。

第一〇章　総合事項索引と『法学用語辞典』

私は、普段の講義中、一年生に対して、「六法の総合事項索引と法学用語辞典[20]は使っちゃダメ。使うのは禁止！」と言っています。この二つは、一通り学習を終えた人が記憶を確認する・思い出す時には大変便利なものですが、一年生が使っても、ほとんど意味がありません。

そもそも『法学用語辞典』は、憲法から始まって環境法や外国法まで幅広い範囲の専門用語をたった一冊でカバーしています。その結果、辞書では各項目の説明が短すぎて、一年生は、何を言っているのか、解説を読んでもサッパリ分からず、時間の無駄に終わることが多いのです。大体、たった一冊の辞典だけで、誰にでも分かるように解説できるのであれば、教科書なんて必要ありません。憲法をはじめ、各科目で教科書が用いられるのは、それだけ初心者が理解するのに説明が必要だからです。

次に、「六法の総合事項索引」についてですが、「索引」を使いだすと、学生は「その場しのぎ」の味を覚えてしまって、学力が伸びなくなるケースの方が圧倒的に多いと思います。総合事項索引を使う最大の弊害《へいがい》は、学生が「困ったときはコレさえ引けば何とかなる」と油断してしまって、専門用語を正確に覚えようとしないことにあります。

例えば、日常会話で言う「大人」のことを、法学の専門用語では「成年」と言います。しかし、「成年」ではなく「成人」だと間違って覚えてしまっている学生は、私の個人的経験では驚くほどたくさんいます。学生に言わせると、《民法で習った専門用語は、「成」という漢字で始まる二文字だったし、「成人式」って言うのだから、「成人」のはずだ》。しかし、成人は法学の専門用語ではありませんから、総合事項索引をいくら探しても、そんな単語は出てきません。

結局、総事項索引を使いこなせるのは、専門用語の字面を正確に覚えた人のみです。私の個人的意見になりますが、大抵の学生は言葉の字面を正確に厳密に覚えることが苦手です。苦手というより、これまでの人生で、言葉を正確に厳密に覚える・使うことなどしたことがない、経験がないと言う方がピッタリです。

この本を読んでいるみなさんは、これから法律を学ぶ立場です。練習を重ねるべき立場なのです。極論すれば、総合事項索引は、弁護士をはじめとするプロが使うものです。学生がプロの方法を真似《まね》ても意味がありません。プロが今使っている方法ではなくて、プロがプロになるべく学生時代に六法をどういう風に使っていたかを見習いましょう。ですから、この本を読んでいるみなさんは、「専門用語の字面を正確に厳密に覚える」ことから始めて下さい。勉強熱心な学生が陥りやすい過ちの一つは、「専門用語を覚える・理解する＝教科書や法学用語辞典のような厳格な（難しい）定義を暗唱する」ことだと勘違いすることです[21]。まずは**字面！　字面です！**

(20)『○○法辞典』『法令用語辞典』など、辞典の名称は様々です。

(21) 専門用語の意味（定義）は、法律に明確に書いてあることがあります。反対に、法律に意味が書いてない（定義がない）専門用語は、――極論すれば――決まった意味（定義）は、ありません。教科書に書いてあるのは、複数ある考えのうちの一つに過ぎませんから、専門用語の意味を暗唱しようにも、覚えるべき拠り所《よりどころ》がありません。

第三編　条文の読み方

第一章　条文を読む前に

第一節　法律に矛盾はあるのでしょうか？　それともないのでしょうか？

法律の箇条書きの文のことを条文と言います[22]。ですから、「法律を読むこと＝条文を読むこと」になります。実際に条文を読む前に、みなさんに頭に叩き込んで頂きたいことがあります。では、問題です。

問題　次の二つの文は、法律同士の関係について述べたものです。内容的に正しいのはどちらの文でしょうか。二者択一で答えて下さい。

選択肢(1)　違う法律である以上、一国の法であっても、法律同士に文言（論理的内容）の矛盾があっても構わない。

選択肢(2)　違う法律であっても、一国の法として、法律同士に文言（論理的内容）の矛盾があってはならない。


選択肢(1)を回答してきた、ある一年生の答案をそのまま引用しましょう。

「違う法律なんだから、矛盾してもかまわない。なぜなら、そんなことは、探せばいっぱい見つかるから」。

法学を教える立場の人間（教員）からすれば、学生が選択肢(1)を選ぶなんて、とんでもないことです。答えは、絶対に(2)です。試験には色々な問題が出されますが、法学部の学生である以上、この問題だけは全員が(2)と解答できなくてはいけません。なぜならば、前述したように、法治国家の威信にかけて、国は法律をきちんと作っているからです。デタラメに法律を作っている国家を法治国家とは呼びません。そして、日本は法治国家です。その矜持《きょうじ》がある限り、法律同士に文言（論理的内容）の矛盾があってはならないのです。

納得できない人は、「国家は、ずるがしこく法律を作っている」と思ってくれてもいいです。とにかく、法律を勉強するのであれば、「現行法（今、存在している法律）に矛盾はない」と思って下さい。みなさんがある法律Aと別な法律Bとの間に矛盾を感じたとしても、AとBを結びつける法の理論・理屈が必ずあります。ですから、みなさんが納得できるか否か――敢えて不適切な言い方をすれば、気に入るか気に入らないか――は別として、《AとBが両立するのは、どういう理論（理屈）があるのか》を先に学んで下さい。現行法への批判は、法の理論・理屈を学んだ後にして下さい。

(22) 現在、日本にはたくさんの法律があります。その数は、全部で約一、八六〇件あると言われています。『条文の読み方』二頁。

第二節　条文の特徴

一　条文の特徴を理解する

条文の最大の特徴は、無駄なことを書かないことです。条文は、簡潔かつ明瞭に言葉だけで表しています。学生は、《法律の条文は難解でまわりくどい。もっと簡単に書けばいいのに》という不満を抱いていることが多いですが、少なくとも立法者は、簡潔・明瞭に書いているつもりなのです。このような立法者の意図を理解するためにも、より具体的な条文の特徴として以下の三つのことを知っておく必要があります。

まず、法律は、基本的な専門用語や常識の範疇《はんちゅう》とされる単語の意味（定義）を説明してくれません（反対に、留置権など難しい用語は、法律に定義があります）。つまり、法律には書いてないのです。言外に、「この言葉の意味くらい、説明しなくても分かるよね」、そう言っているのです。ですから、法律を学ぶ場合には、法律が要求している程度（レベル）まで、語彙《ごい》を増やさないと話になりません。

次に、法律の条文は、図表やチャートを使いません。その結果、チャート形式で説明されたならば分かることであっても、すべてを言葉だけで表現している条文を読んだだけでは歯が立たない学生が続出してしまうのです。ですから、みなさんは、条文を読んで自分でチャートを作ることにチャレンジして下さい。自分でチャートが作れるようになれれば、しめたものです。

最後に、法律は、立法時に考えられるすべてのケースを想定して作られています。しかし、学生は、《色々なことが起こりうる》ということが理解できません。「色々なことを想像しろ」と言っても、ピンと来ないのです。汚れを知らない無垢《むく》な心の成せる業《わざ》と言えば、喜ぶべきことなのですが、無垢な心は法律を学ぶ上では大敵です。良き社会人でありつつも、仕方のないこと・予期せぬことが起こりうることを常に頭の隅に入れておくことを心掛《こころが》けて下さい（としか言えません）。
以上のような条文の特徴について、節を改めて具体的に説明しましょう。

二　条文は、基本的な単語の意味を説明しない

1　社会常識の範疇とされる単語

民法七二五条を読んで下さい。

（親族の範囲）
民法七二五条　次に掲げる者は、親族とする。
一　六親等内の血族
二　配偶者
三　三親等内の姻族

「六親等内の血族」や、「三親等内の姻族」と言われても、この言葉の意味が分かる学生は少ないと思います。これらの単語は、国語辞典に載っている社会常識の範囲とされ、法律の条文には一切説明が

ありません。そこで、通常、民法の教科書では、次頁のような親族表を掲載して、血族・姻族の解説がされています。

2　基本的な専門用語

憲法二九条を読んで下さい。

> 憲法二九条　財産権は、これを侵してはならない。
> 財産権の内容は、公共の福祉に適合するやうに、法律でこれを定める。
> 私有財産は、正当な補償の下に、これを公共のために用ひることができる。

財産権という単語が出てきますが、財産権の定義は、法律の条文には書いてありません。教科書や法学用語辞典を見ても、厳密な定義は書いてありません。このように本当の意味を調べてもよく分からない専門用語は、たくさんあります。でも、心配は無用です。このような単語の類《たぐい》は、《取り敢えず「〇〇〇」の意味で理解しておけば大丈夫》という単語ですから、ざっくりとした意味だけ覚えましょう。

ちなみに、《財産権＝①物権＋②債権＋③知的財産権など》と思って下されば十分です。

1〜6は、血族の親等数。①〜③は、姻族の親等数。

血族とは左表の□で囲った人。

俗に言う血のつながった人（自然血族）と、養親子のような法律上の血縁者（法定血族）の両方を含みます。

姻族とは、左表の□で囲った人（血族）の配偶者と、左表の○で囲った人の両方を含みます。

【表　親族】

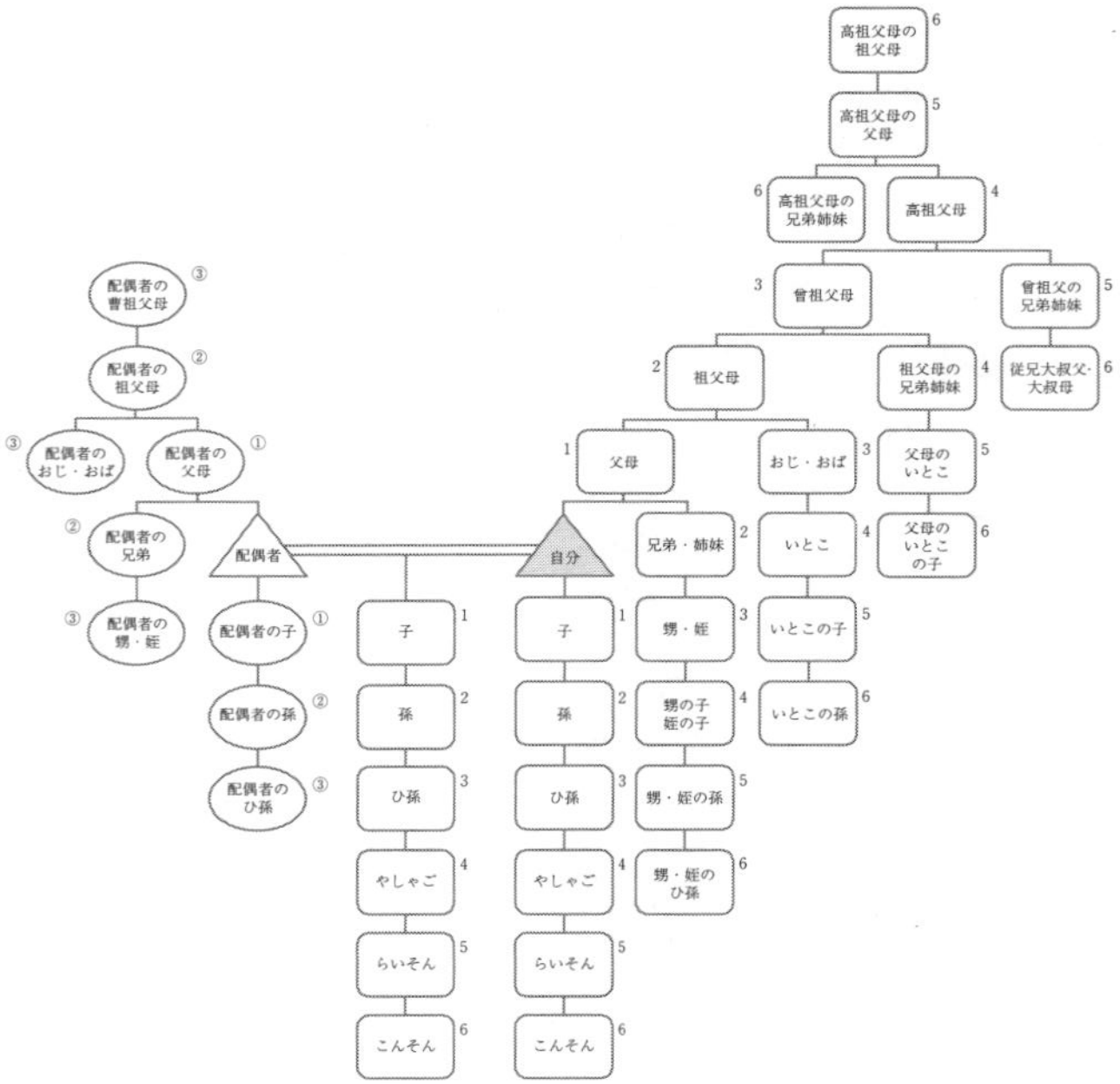

三　条文は、表やチャートを使わない

条文は、表やチャートを使いません。そのため、チャートで表せば誰でも見た瞬間に理解できる事柄も、全部言葉で表現するために、難しくなっています。例えば、六法を引いて、憲法六九条から七一条まで（六九条乃至《ないし》七一条）を読んでみて下さい。これらの条文を読んで、「内閣が総辞職すべき義務を負った時点」と「内閣が総辞職する時点」がいつの時点になるかが分かる人は、次章に進んで下さい。今ひとつよく分からなかった人は、次頁のチャートを見て下さい。

このチャートを見てから、憲法六九条から七一条まで（六九条乃至《ないし》七一条）を見ると、「内閣が総辞職すべき義務を負った時点」と「内閣が総辞職する時点」がいつの時かが理解できると思います。この二つの時点を区別できること、すなわち、それぞれいつの時点かが分かることは、実務上、大変重要です。なぜなら、例えば、内閣が総辞職すべきことが決まったとしても、総辞職するまでは、内閣の構成員に大臣としての報酬（給料）を支払わなければならないからです。

総辞職すべきことが決まれば、総辞職したことと同じだと、学生が勘違いしてしまうのは、所詮、自分には関係がない事柄だと思っているからです。渦中にいる人には、大きな違いがあるのです。

このように、条文を読んで、よく分からない時は、自分でチャートや表を作ってみると、「法律が

【表　内閣総辞職に関する表】

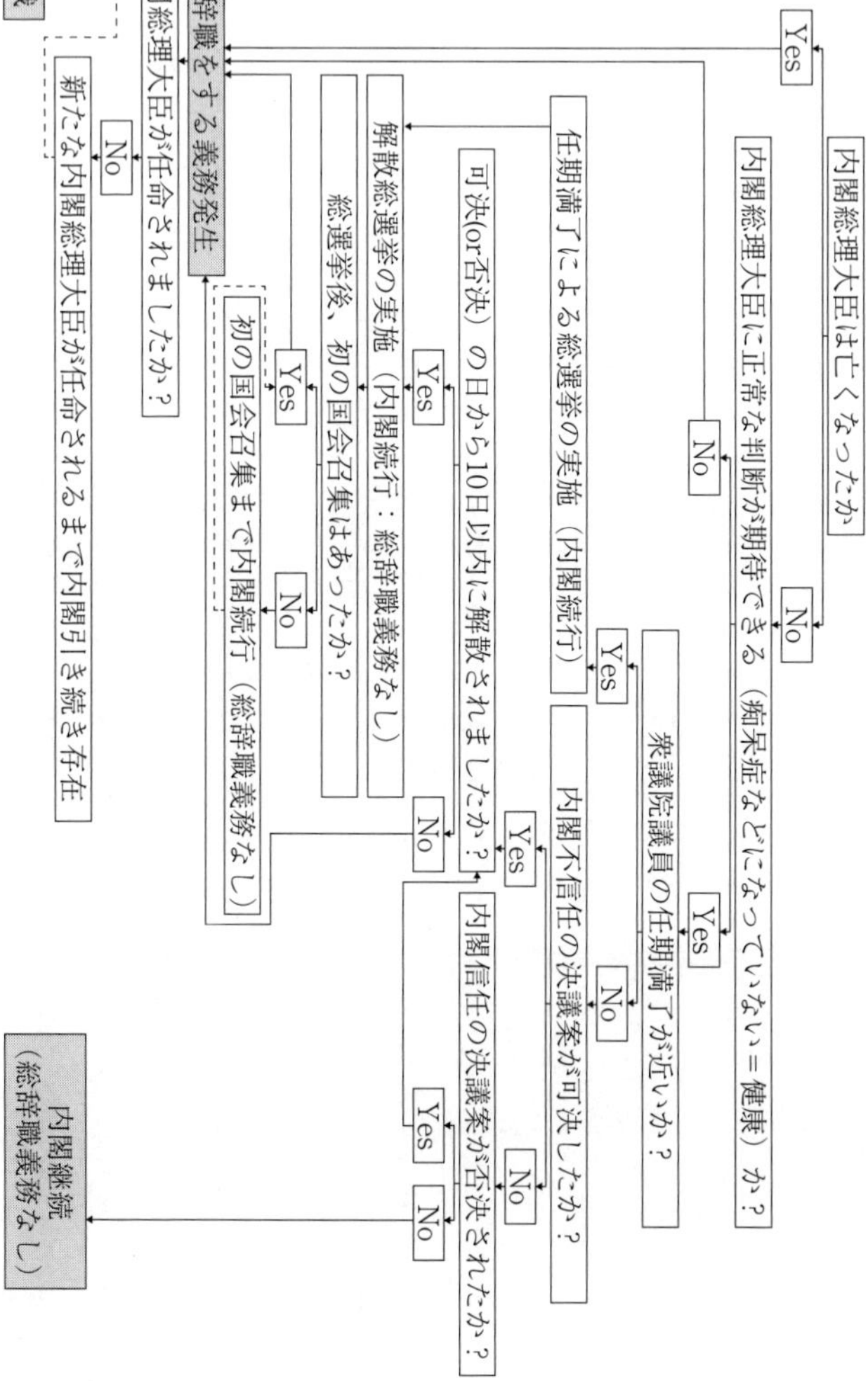

思ったほど難しいことを言っているのではない」ことが理解できると思います。学生は、表やチャートを先に見てしまうと、それで理解できたような錯覚に陥ります。しかし、表やチャートというのは、自分なりに作れるようになって初めて理解できたと言えます。一言でいえば、「**表やチャートは見るものではない。自分で作るもの**」です。[23] そして、自分なりにチャートを作ってみる時には、いつ、誰が、どういう条件で、何をするのか――3W1H――を意識するようにして下さい。

ちなみに、憲法では、「指名」、「任命」、「認証」という言葉が出てきます。これらは、例えば報酬（給料）の支払期間に違いが出てきます。学生に分かりやすい例として、就活で説明しましょう。とりあえず、一年生は、指名＝内定、任命＝入社・採用、認証＝入社式だと思って下さい。

(23)　表やチャートは見るものではなく、作るものである。このことを、私に教えてくれたのは、金井高志『民法でみる法律学習法：知識を整理するためのロジカルシンキング』（日本評論社、二〇一一年）です。この本は、民法を学びながら、同時に法律の考え方なども勉強できます。

四　法律は、あらゆる場合を想定している

法律が想定しているのは、多くの場合（よくある話）ではありません。そうではなくて、法律は、

制定時において考えられる、あらゆる場合をすべて想定しています。

手元にある六法を開いて、民法五条の規定を読んでみましょう。民法五条に書いてあることをざっくり言うと、《二〇歳未満の子どもがアルバイトをしたり、携帯電話を買ったりする場合には、親の許可（同意）が必要だ》ということです。

ところで、民法五条には、「法定代理人」という単語が出てきますが、「親」という単語は出てきません。民法五条は、どうして素直に「親の同意」という単語を使わないのでしょうか。

そもそも二〇歳未満の子どもを育てているのは、現実の社会では、大抵の場合、親です。しかし、親がいない・事情があって親が育てられない場合があります。子どもを育てているのが、叔父さん、叔母さんの場合もあるし、おじいさん、おばあさんの場合もあります。年の離れた兄姉の場合もあります。そもそも里親や施設など、血の繋《つな》がった家族以外の人に育てられる場合もあります。みなさんが法律を作る立場だったら、どう書きますか？　「親、子どもを育てている家族又は他人」とでも書きますか？　もし、そう書くとすると、十六文字の長文になってしまいます。第一、法律の文言として締《しま》りがありません。「法定代理人」と書いてしまえば、五文字で済むうえに、すっきりした文になります。

学生はとかく、勉強する側の立場から「何でこんな難しい言い方をするのですか」とブーブー文句を言います。しかし、私が「だったら、あなただったら、どう書く？」と尋ねると、ウンウン唸《うな》った挙句《あげく》、「これっていいかも」と、法律の書き方に感心する学生がほとんどです。立場が変われば、見方が変わります。見方が変われば、考えも変わります。みなさんも法律の書き方に納得できない場合には、「自分だったら、どう書くか」を考えてみて下さい。

第二章　条文の引用の仕方

1　引用の意義

根拠条文を正しく引用できることは、とても大切です。ごく稀なケースですが、訴えた人が根拠条文を正しく引用しなかったために、裁判に負けてしまった実例が存在します(24)。

一年生が勉強する法律は、憲法・民法・刑法が中心です。これらの法律は短い条文が多いので、条文が正しく引用できなくても、さほど困りません。しかし、学年が進むと、長い条文がたくさん出てきて、引用の仕方が分からないと困ったことになります。一年生の時に、根拠条文の正しい引用の仕方を身につけましょう。

(24)　現行法は、裁判所で争っている人に根拠条文を正しく示すことを義務づけていません。従って、根拠条文を正しく引用できなかったとしても、それが原因で敗訴することは原則としてありません。しかし、根拠法が外国法の場合、例外的に、通常と異なる扱いがされます。

最判昭和五六年七月二日民集三五巻五号八八一頁は、根拠法が改正韓国民法という外国法だったという珍しい事案です。この事件では、原告（訴えた人）は根拠条文を正しく明示できず、一審・二審と敗訴しました。原告が最高裁へ上告したときに、根拠条文を訂正したところ、最高裁は、敗訴した部分の一部を破棄しました。

なお、日本の裁判所において外国の法律を適用することは、「法の適用に関する通則法」四条以下に明記されています。けれども、外国法が日本の裁判所で適用されることは、国際私法を履修しない限り、法学部生であっても知らないことが多いでしょう。

２　条《じょう》

条は、法令の条文が一つの段落から成り立っている場合は、条文の番号だけ表記することになります。

（例）憲法一一条

３　項《こう》

項は、条のなかで段落を分ける場合に、用いられます。六法によって「丸数字」①、②で表記されます。

（例）憲法四条一項

4　号《ごう》

号は、条または項のなかで、箇条書きにする場合に用いられます。「漢数字」一、二で表記されます。

（例）憲法七条一号

（例）会社法六三八条二項二号(25)

(25)　会社法六三八条二項二号とは、「その社員の全部を有限責任社員とする定款の変更　合同会社」の、この部分を指します。

5　柱《はしら》書《がき》

柱書は、号の前にある文のことです。

（例）憲法七条柱書(26)

（例）会社法六三八条二項柱書(27)

(26)　憲法七条柱書とは、「天皇は、内閣の助言と承認により、国民のために、左の国事に関する行為を行ふ。」の、この文を指します。

(27)　会社法六三八条二項柱書とは、「合資会社は、次の各号に掲げる定款の変更をすることにより、当該各号に定める種類の持分会社となる。」の、この文を指します。

6　但《ただし》書《がき》

但書とは、条、項又は号のなかで、本文の後に続いて、「但し」という字句で始まっている文のことです。

（例）憲法五四条二項但書(28)

（例）刑法三八条三項ただし書(29)

(28)　憲法五四条二項但書とは、「但し、内閣は、国に緊急の必要があるときは、参議院の緊急集会を求めることができる。」の、この文を指します。但書は、原則に対する例外などを定めています。

(29)　刑法三八条三項ただし書とは、「ただし、情状により、その刑を減軽することができる。」の、この文を指します。

【注意】

「但書」は、「ただし書」とも表記します。条文の表記は、時代とともに変わるため、古い時代に作られた法律と、最近作られた法律とでは、表記の仕方が違います。その結果、「但シ」「但し」「ただし」「但書」「ただし書」のいずれも、現行法の表記として使われています。

「ただし」の意味は、乱暴に言えば、①条件がつく、②例外がある、このいずれかです。ですから、長い条文をよむときは、最初の部分が重要で、「ただし、」以降は、《ただし、条件がつく》《ただし、例外がある》と考えれば、とりあえずは大丈夫です。

表記	使用されている現行法の例
但シ	公証人法一条四号、手形法二条一項、小切手法二条一項
但し	憲法五四条二項、戸籍法一六条一項
ただし	民法五条一項、会社法一三条
但書	憲法五四条三項、戸籍法一六条二項、公証人法六〇条の二第二項
ただし書	民法一三条一項柱書、会社法五一条一項

第三章　条文を声に出して読む

法律の条文を声に出して読んでみると、黙読と違ってゴマカシがききません。読み慣れていないと読み仮名が分かりません。そして、読み仮名が分からない単語の意味を理解している学生はいません。「読めない＝単語の意味を知らない・分からない」です。人の思考の展開は、「発音できる→理解できた→空《そら》で書ける」です。「**読める、分かる、使える**」なのです。

法律の条文は、内容がよく理解できていないと、どこで息継ぎをしていいのか、言い換えれば、どこで区切って発音すればいいのかが分かりません。ですから、先生に「○○法○○条を読んで」と言われて、目的の条文に早くたどりつけても、声に出して読んでみると、読み終わるまでに意外と時間がかかるものです。みなさんは、見出し・項・号も、誤魔化さずに、条文全部をちゃんと声に出して読んで下さい。声に出せない（発音できない）部分こそ、あなたの弱点・理解が不十分な箇所なのですから。なお、漢字の読み方が分からない場合には、『学習六法』で調べるのが簡単だと思います。

第四章 「の」

「人間の老人とケガした人は、杖を使って歩く」。この文を読んだうえで、次の問題に答えて下さい。

問題一 次の二つの文のうち、内容的に正しいのはどちらでしょうか。二者択一で答えて下さい。
(1) すべての人間は、杖を使って歩く。
(2) 人間のうちの一部の人間は、杖を使って歩く。

正解は、「(2) 人間のうちの一部の人間は、杖を使って歩く」です。では、「人間の男と女は、機械ではなく心がある」。この文を読んだうえで、次の問題に答えて下さい。

問題二 次の二つの文のうち、内容的に正しいのはどちらでしょうか。二者択一で答えて下さい。
(1) すべての人間は、機械ではなく心がある。

(2)　人間のうちの一部の人間は、機械ではなく心がある。

正解は、「(1)　すべての人間は、機械ではなく心がある。」です。では、次に、憲法八二条一項を読んで下さい。

憲法八二条一項
裁判の対審及び判決は、公開法廷でこれを行ふ。

憲法八二条一項をよく読んだうえで、次の問題に答えて下さい。

問題三　次の二つの文のうち、現行法の意味として正しいのは、どちらの文でしょうか。二者択一で答えて下さい。
(1)　すべての裁判は、公開法廷で行われる。
(2)　裁判のうちの一部のものは、公開法廷で行われる。

正解は、「(2)　裁判のうちの一部のものは、公開法廷で行われる」です。憲法八二条一項の主語は、「裁判の対審及び判決」であって、「裁判」ではありません。ですから、憲法八二条一項は、「裁判が公開されることを定めた規定」ではありません。そうではなくて、「公開されるべき裁判の種類を定めた規定」というのが正しいのです。この説明に納得しない学生もいます。「対審と判決が何かが分からないのに、答えようがない。問題二の場合と同じように、《裁判＝対審＋判決》ならば、選択肢(1)も成り立つはずだ」というのが、彼らの言い分です。しかし、日常会話ではともかく、法の世界では、そんな言い分は成立しません。そこで、次の問題に答えて下さい。

問題四　次の三つの文の違いを説明して下さい。
(1)　裁判は、公開法廷でこれを行ふ。
(2)　裁判の対審及び判決は、公開法廷でこれを行ふ。
(3)　裁判（対審及び判決をいふ。）は、公開法廷でこれを行ふ。

「裁判は、公開法廷でこれを行ふ」と「裁判の対審及び判決は、公開法廷でこれを行ふ」とでは、前者の方が七文字、節約になります。法の世界では、無駄に長く書き連ねることはしません。逆です。なるべく短く簡潔に書きます。一度言ったことを二度繰り返すこともありません（もっとも、憲法で言ったことを、法律で繰り返すことはありますが）。文字の節約のオンパレードです。従って、《裁判＝対審＋判決》と決まっているならば、法は、最初から素直に《裁判》とだけ書きます。決して、対審や判決などの余計な単語は書き加えません。

憲法一八条を読んで下さい。「何人も、いかなる奴隷的拘束も受けない」と書いてあります。「人の男も女も、いかなる奴隷的拘束も受けない」とは書いてありません。人は男と女だけと決まっている時に、わざわざ男・女と書き加えるのは無駄だからです。

ですから、条文の文言が「～の…」と書かれているのを読んだ瞬間、「～」は「人間」といった大きな広い意味（上位概念）で、「…」は「赤ちゃん」とか「幼児」といった、「～」の一部の小さい狭い意味（下位概念）だと、分かる仕組みになっています。これが、日常会話と違う、法の世界における「の」の正しい読み方なのです。

「技術としての条文の読み方（解釈の仕方）」が身につくと、「対審」や「判決」といった専門用語の意味が分からなくても、「の」を読むだけで、《裁判＞対審＋判決》だということが導き出せるので、問題三の答えとして選択肢⑵を選べるようになります。

ところで、法は、問題四の選択肢⑶の書き方を用いることがあります。具体例として、民法一〇条をみて下さい。

（後見開始の審判の取消し）
民法一〇条 第七条に規定する原因が消滅したときは、家庭裁判所は、本人、配偶者、四親等内の親族、後見人（未成年後見人及び成年後見人をいう。以下同じ。）、後見監督人（未成年後見監督人及び成年後見監督人をいう。以下同じ。）又は検察官の請求により、後見開始の審判を取り消さなければならない。

このように、法が（ ）書きを使っている場合、言外に「この法律では○○は（ ）の意味に限定することにしているけれど、他の法律ではそうとは限りません。注意して下さい」と警告していると思って下さい。

憲法や法律の条文の文言には、無駄がない。すべてに意味がある。このことは、法を学ぶうえでの鉄則中の鉄則です。「の」の使い方にさえ、意味があります。学生は、「集合動産譲渡担保」なんて難しい専門用語を覚えることが偉い、それが法学の勉強だと思い込んでいる節《ふし》があります。しかし、私の考えは逆です。日常会話で使い慣れてしまった言葉の方が厄介《やっかい》です。学生は、聞きなれた言葉に目もくれず、雑に（ぞんざいに）扱うことが多いからです。

第五章　条文を読むときは、三つのことに気をつける

第一節　主語に気をつける

長い条文を読むコツは、《最初は、主語と末尾だけ読む》ことです。闇雲《やみくも》に長く難しい条文を読もうとしても、心が折れて、へこたれるだけです。「○○は、……△△。」の○○と△△の部分に、まずは注意しましょう。次に、自分が読んでいる条文の形式主語は何か、それとは別に、意味上の主語が何かを考えるようにして下さい。では、問題です。

問題
（一）最高裁判所長官を任命するのは、誰ですか。

（二）最高裁判所長官を指名するのは、誰ですか。

まずは、根拠条文を探しましょう。手元に六法を用意して下さい。以下、この章では、練習となるように、意図的に条文の単語や番号を〇と記してあります。

最高裁判所の長官と言えば、内閣でいう内閣総理大臣に相当する、裁判所のトップです。つまり、「権力分立(30)」の一角を担う「司法」の一番の責任者です。権力分立と言えば、憲法です。ですから、憲法に何か規定があるはずだと見当がつけられます。

六法を引いて、憲法の目次を見ましょう。憲法の目次の中で、司法に関する箇所と言えば、「第〇章司法（〇〇条─〇〇条）」です。次に、この〇〇条から〇〇条まで、順に見出しだけを読んでいきましょう。『ポケット』だと、〇〇条の見出しは、「司法権・裁判所、特別裁判所の禁止、裁判官の独立」です。次の条文の見出しは、「最高裁判所の規則制定権」です。次が「裁判官の身分の保障」。その次の〇〇条の見出しが、「最高裁判所の裁判官、国民審査、定年、報酬」です。単なる裁判官ではなく、「最高裁判所の裁判官」という見出しが、ここで初めて出てきました。この〇〇条の第一項を読んでみましょう。

憲法〇〇条一項　最高裁判所は、その長たる裁判官及び法律の定める員数のその他の裁判官でこれを成し、その長たる裁判官以外の裁判官は、内閣でこれを任命する。

ここで、任命するのは「内閣」と回答したら、その答えはアウト、間違いです。条文をよく読んで下さい。「その長たる裁判官以外の裁判官」が主語です。最高裁判所長官ではありません。では、最高裁判所長官に関する規定は、どこにあるのでしょうか。この場合に、威力を発揮するのが、参照条文です。参照条文を読んでみましょう。『ポケット』の場合、参照条文には、「【長たる裁判官→〇②」と書いてあります。そこで、六法を引いて、憲法の〇条二項を読むことにします。

憲法〇条二項
天皇は、内閣の指名に基いて、最高裁判所の長たる裁判官を任命する。

この条文の主語を、それぞれ「天皇」、「内閣」、に書き換えて、簡単に記すと、次の二つの文に変換できます。

① 天皇は、最高裁判所長官を任命する。
② 内閣は、最高裁判所長官を指名する。

ですから、問題（一）の答えは、天皇であり、問題（二）の答えは、内閣となります。

ところで、主語について気をつけるべきことがもう一つあります。①と②の文は、すべて主語が条文上に書かれていました。しかし、条文の主語が形式主語であったり、主語が省略されていたりする場合には、意味上の主語が何かを突き止めなければなりません。例として、民法一条二項を読んで下さい。

一条二項　権利の行使及び義務の履行は、信義に従い誠実に行わなければならない。

この条文の主語は、「権利の行使及び義務の履行」です。しかし、意味上は、「権利の行使及び義務の履行」は目的語です。では、本来の意味からする意味上の主語は何なのでしょうか。換言すれば、一体誰が誠実に行うべきなのでしょうか。

とりあえず、「何人も」だと考えておけば間違いありません。ただし、民法一条二項の場合、何となく雰囲気で「何人」「日本国民」「一般市民」と想像がついてしまう人も多いと思います。ですが、学年が上がると、想像だけでは省略された主語が何であるかが分からない場合も出てきます。本来、その省略された主語が何であるかは、規定の趣旨・内容から論理的に導かれるものですが、大抵は、慌てず、前の前の条文に書かれていることが多いです。ですから、主語が省略されている場合には、慌てず、前の条文を読んでみましょう。ちなみに、刑事訴訟法二四八条の「公訴を提起しないこと」を決断できるのは誰でしょうか。「公訴」の意味が分からなくても、答えは見つけられます[31]。

とかく一年生は、条文を雰囲気で（大体の意味で）理解することに力を注ぐ傾向があります。条文の意味を理解することも重要ですが、一年生は、主語を意識して条文を読む訓練をする方が大切です[32]。

(30)　憲法の教科書では、通常「権力分立」と表記します。「三権分立」とは言いません。
　憲法は、地方公共団体を、行政を担う機関として認めています。地方公共団体は、法律に従うべき存在ですが、――実情はともかく憲法上は――内閣（政府）に従う必要はありません。地方公共団体は、内閣の下部組織ではありません。独立した存在です。その意味では、国会、内閣、地方公共団体、裁判所は、それぞれ対等の地位を持っていると言えます。憲法第八章地方自治（九二条―九五条）を参照。

(31)　答えは、前の条文、すなわち刑事訴訟法二四七条にあります。

(32)　そもそも、日本語を母語とする学生は、極々《ごくごく》おおざっぱな意味なら、察することができます。反対に、厳密な意味・正確な意味は、技術なくして理解できません。

第二節　末尾に気をつける

1　末尾の種類

条文の文言の末尾は、大別すると、①できる、②する、③しなければならない、の三つになります(33)。

(33) バリエーションとしては、「してはならない」などがあります。

2　「できる」

(例) 憲法四条二項

「できる」の場合は、解釈が簡単です。極論すれば、してもしなくてもどっちでもよいことになります(34)。従って、天皇が委任しようがしまいが、法律で自由に決められることになります。

(34) 「自由に判断する権利がある」ということになりますが、権利には常に「濫用」の問題が付随します。従って、実際には、「できる」の解釈はそれほど単純ではありません。しかし、それはもっと学年が上がってからの話です。「一年生が濫用の問題を考えるのは早すぎる」というのが私の考えです。

３　「する」

（例）憲法二条

（例）憲法七三条七号

「する」の場合は、解釈が難しいです。憲法二条は「継承しなければならない」という意味に解すべきですが、憲法七三条七号の「大赦」はしなければならないという性質のものではありません。従って、憲法七三条七号の末尾は、「行うことができる」という意味に解釈すべきでしょう。

４　「しなければならない」

（例）憲法五〇条

「しなければならない」の場合は、解釈が簡単です。しなければならないのです。

第三節　単語に気をつける

一　日本語だと思わない。外国語だと思う！

例えば、「解除」と「解約」は、日常会話では同じ意味で使われます。その結果、法学の世界でも同じ意味に使われると思い込んでいる学生は少なくありません。思い込んでいるというより、「解除」と「解約」が違うなどと考えたこともない、というのが正確かもしれません。

私は学生に、「法学用語は日本語と思ってはダメ。外国語だと思って」と話します。より具体的に言えば、①自分が知っている単語が出てきても、「自分が知っている意味」が「法学用語の意味」だと思わない、②自分が知らない単語が出てきても、言葉の響き、使われている漢字の字面から、単語の意味を自分勝手に推測しない、ということです。一言で表すならば、「思い込みは捨てて外国語だと思って読もう！」です。

二　字面で意味を判断しない。――醤油は油ではない

学生が字面から意味を誤解していたよくある例として、「非常上告」「不文憲法[35]」「拒否権[36]」などがありますが、ここでは、「非常上告」について説明します。

「非常上告」は「上告」ではありません。上告そのものではないし、上告の一種でもない。非常上告と上告は全く別物です。このことは、六法を見れば、一目瞭然です。六法を引いて、刑事訴訟法の目次を見て下さい。「上告」は、刑事訴訟法第三編上訴の第三章上告（四〇五条−四一八条）に規定され、「非常上告」は刑事訴訟法第五編非常上告（四五四条−四六〇条）に規定されています。章立てが全く違うことから、「非常上告は、上訴の範疇《はんちゅう》にすら入らない」ことが、目次を見ただけで、明らかとなります。

同じ漢字（単語）を共通に使っているからと言って、同じ範疇《はんちゅう》に属すとは限りません。このことは、「オリーブ油」や「菜種油」が「油」の一種であっても、「醤油」が「油」ではないのと同じです。要は、一部共通して同じ漢字を使っていて字面が似ているといっても、使っている漢字が一つでも違えば、それはもはや同一の単語ではありません。**字面を覚えることは大切ですが、字面で意味を判断してはいけない**のです。

(35) そもそも、憲法にあたる法令等はあるけれど、「憲法」という名の法典がない国があります。例えば、イギリス、ドイツ、スウェーデンがそうです。初宿正典＝辻村みよ子編『新解説世界憲法集〔第二版〕』（三省堂、二〇一〇年）、木下淑恵「海外法律情報　スウェーデン」ジュリスト一三九六号（有斐閣、二〇一〇年）一五四頁、阿部照哉他＝畑博行（編）『世界の憲法集〔第四版〕』（有信堂、二〇〇九年）参照。

イギリス憲法は、「不文憲法」の代表例です。一般的には、イギリス憲法は、①制定法、②判例法、③憲法習律〔≒慣習〕の三つから構成されていると説明されます。

イギリスの憲法習律に関する文献として、小山貞夫「マグナ・カルタ神話の創造」『イングランド法の形成と近代的変容（創文社、一九八三年）二九七頁があります。

なお、イギリスに関する一般的な説明の仕方の言葉遣いは誤解を招くとして、批判的な立場をとる文献として、芦部信喜『憲法〔第五版〕』（岩波書店、二〇一一年）（第五版は、「不文憲法」という単語を一切用いていません）、V・ボグダナー（著）小室輝久＝笹川隆太郎他（訳）『英国の立憲君主政』（木鐸社、二〇〇三年）三五九頁など。

ドイツは、連邦制の国です。州ごとに独立した法・最高法規があり、その州から構成される国家の法・最高法規があります。ドイツの日本大使館の公式HPでは、各州の最高法規を「憲法」と訳し、その州を包含する連邦制国家の最高法規を「基本法」と訳しています。

ドイツ大使館公式HPは、http://www.tokyo.diplo.de/Vertretung/tokyo/ja/09_Info/Information/Uebersicht.html

スウェーデンは、立憲君主制国家です。スウェーデンの憲法は、①統治法典、②王位継承法、③出版の自由に関する法律、④表現の自由に関する法律、⑤議会法、以上五つの法律からなる集合体を、講学上、「憲法」と総称しています。

（36）国際法で学ぶ「拒否権」veto（国際連合憲章二七条三項）は、文字通り、理事会での決定を拒否できます。この場合の拒否権の性質は、「決定的な」ものであり、その意味では、明治憲法下における天皇の「裁可権」に近いと言えます（大日本帝国憲法六条）。
アメリカ法で学ぶ「拒否権」または「法律拒否権」（アメリカ合衆国憲法第一条第七節）は、「暫定的な」ものにしか過ぎず、アメリカ大統領が議会に再考を促す権利と言えます。講学上、「停止的拒否権」とも呼ばれます。
行政法で学ぶ地方自治法一七六条、一七七条の「拒否権」も、「暫定的な」なものでしかありません。自治体の長が議会に再考を促す権利と言えます。憲法五九条二項の「再可決」制度に類似しています。

三　単語が違えば、意味が違う。絶対に違う。——法律の世界に同義語はない

既にお話ししましたが、私は、定期試験に「憲法三三条の司法官憲とは何か」という問題を頻繁《ひんぱん》に出します。そして、「裁判所」と回答してきた答案は、片《かた》っ端《ぱし》から零点《れいてん》（0点）にします。部分点は一切与えません。

このことについて、「警察や検察と答えたら0点なのは分かるけど、裁判所だって裁判官だって、大して変わらないじゃないか。部分点位くれてもいいのに、細かいなぁ」と感じる学生は多いです。けれども、このように感じる学生は、はっきり言って、法学が分かっていません。まずは、その考えを改める必要があります。

なぜでしょうか。第二部で述べたように、六法の引き方にはコツ（技術・技能）が要りますが、コツをつかんでちゃんと六法を引くと、法律には、明確に「裁判官」とはっきり書いてあります。六法をちゃんと読めば分かるのです。読めば分かることを読み飛ばして写し間違えておいて、《部分点を与えてくれてもいいはずだ》と考える学生は、「見えども見えず」「読めども読めず」の状態に陥っているのです。まずは、その態度を改める必要があります。

文字をちゃんと読む。書いてある通りに読む。そして、書いてある通りに他人に正しく伝える（**話す、書き写す**）。**それこそが、一年生にとって最も大切なことです。**

学生は、法律を勉強するとき、所詮《しょせん》《他人事》だと思って条文を読んでいます。ですから、似たような単語・言葉遣いを「どっちだって似たような意味じゃん、たいした違いはない」と考えてしまいがちです。しかし、法律の規定の影響をまともに受ける人には、ちょっとした言葉遣いの違いによって、重大な違いが生じてきます。

それでは、裁判所と裁判官では、現場にいる人にとって、何が違ってくるのでしょうか。

答えは、《令状を発する場合に、署名・捺印をするのが誰なのかが違ってくる》ということです。「裁判官」であるならば、裁判官でありさえすれば、誰でもよい。しかし、「裁判所」であるならば、各裁判所の代表者（トップ）なのか、審理体なのか。前者ならば、各裁判所の代表者は誰なのか？

各裁判所の代表者は、「令状に署名・捺印する」ことを、別な人に代行させる（委任する・代理させる）ことは認められるのか？　令状を発するのが裁判所だとすると、このような問題が付随して生じてきます。

一般市民の目から見れば、「裁判官」だろうが「裁判所」だろうが、そんなことは「裁判所内部」の問題であって、どっちでもよいことです。しかし、少なくとも裁判所内部の人間にとっては、誰に署名・捺印してもらうべきかを法律がハッキリ指示してくれないと、結果として、逮捕令状を出すことが不可能になってしまいます。

プロの野球選手が「ストライクゾーンは、五センチメートルでも六センチメートルでもどっちだっていい、大した違いはない」と言うでしょうか。無関係な人から見れば、どうでもいい些細《ささい》な違いですが、関係者（渦中《かちゅう》の人）は拘《こだわ》ります。「（裁判官だって裁判所だって）どっちだって似たような意味じゃん」と考えるのは、法を学ぶ人の発想ではありません。

これまでの経験上、違う単語を同じ意味だと誤解している学生の中には、ちょっとやそっとの説明じゃ納得してくれない学生もいます。特に動詞の場合が曲者《くせもの》です。私も、いろいろ説明してみるのですが、どうにも手詰まりになると、「単語が違えば、意味は違う！　立法者は言葉をちゃんと使い分けている。同じ意味なら、同じ単語を使うでしょ！　法学の世界に同義語はない[37]！」と叫んで終わりです。なまじ勉強したがゆえに、かえって誤った思い込みを抱いている学生には、呪文のように繰り返すしかありません。**単語が違えば、意味は違う！**

（37）　厳密に言えば、同義語は存在します。しかし、それはごく稀な話で、学部生レベルでは、「法律に同義語は存在しない」と思っていた方がよいと思います。
国語辞典の意味とは異なる法律上の同義語の例を挙げると、刑事訴訟法一七五条の「国語」と裁判所法七四条の「日本語」は、同じ意味です。

四　同じ単語でも、同じ意味とは限らない。意味が違うことがある。――多義語をマスターする

１　多義語を理解する――「裁判」を例に

これまで、この本では、「訴訟（裁判）」と書いたり、「裁判」と書いたりしてきました。実は、「裁判」という言葉は、いろいろな意味を持つ多義語で、正確に使うのが難しい言葉なのです。「裁判」という単語は、日常生活でも頻繁に現れます。ですから、一年生であっても学生はみな「裁判」という単語を知っています。しかしながら、私の経験上、「裁判」という言葉を法学的に正しく理解している一年生はいませんでした。みんな誤解しています。一年生が「裁判」と聞いて思い浮かべるイ

メージは、裁判所で行われて、公開の法廷でいろいろな人が話をすることです。けれども、このような学生が抱く「裁判」のイメージは、正しくは裁判の一種の「訴訟（対審＋判決）[38]」に他なりません。裁判は、裁判所以外でも行われますし、公開しない裁判もあります。

手元の六法を引いて、憲法五五条及び憲法六四条一項を読んで下さい。憲法五五条は、「両議院は、……裁判する」と明記してあり、憲法六四条一項は、「国会は、……裁判するため、……弾劾裁判所を設ける」と明記してあります。この規定を読めば、衆議院・参議院・国会が裁判をする場合があることは明らかです。裁判は、裁判所だけが行うものではないのです。そのうえ、現行法の仕組みでは、国会のほかに行政庁も裁判を行います（憲法七六条二項）。

翻《ひるがえ》って、裁判が公開されるという誤ったイメージについてですが、学生はみな、「少年審判」という制度があることを知っています。少年審判が裁判所で行われることも、少年審判が非公開なのも知っています。そこで、私が学生に「少年審判って、裁判なの？　裁判じゃないの？」と問い詰めると、学生はびっくりします。学生はこれまで、少年審判が裁判か否かなんて考えたこともなかったのです。正解は、少年審判は裁判の一種ですから、（広義の）裁判です。

裁判を簡単に図表にすると、以下のようになります。

(38) 厳密にいえば、訴訟手続には、対審と判決以外にも、送達や和解などの様々な手続があります。また、対審とは、(民事)口頭弁論と(刑事)公判の二つの手続を合わせた概念ですが、民事の口頭弁論は、訴訟手続以外の手続、例えば、民事執行手続や破産手続でも用いられることがあります。民事執行法四条、破産法八条一項。

【表　裁判とは何か（１）】

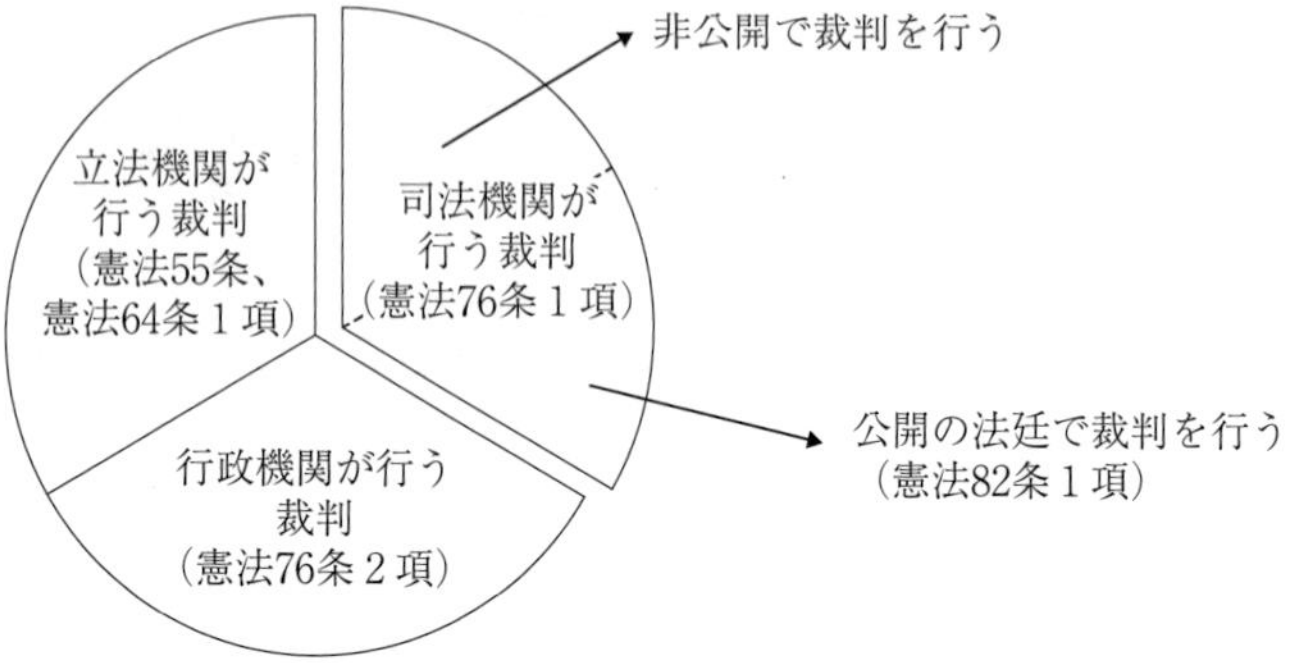
非公開で裁判を行う
立法機関が
行う裁判
（憲法55条、
憲法64条１項）
司法機関が
行う裁判
（憲法76条１項）
公開の法廷で裁判を行う
（憲法82条１項）
行政機関が行う
裁判
（憲法76条２項）

【表　裁判とは何か（2）】

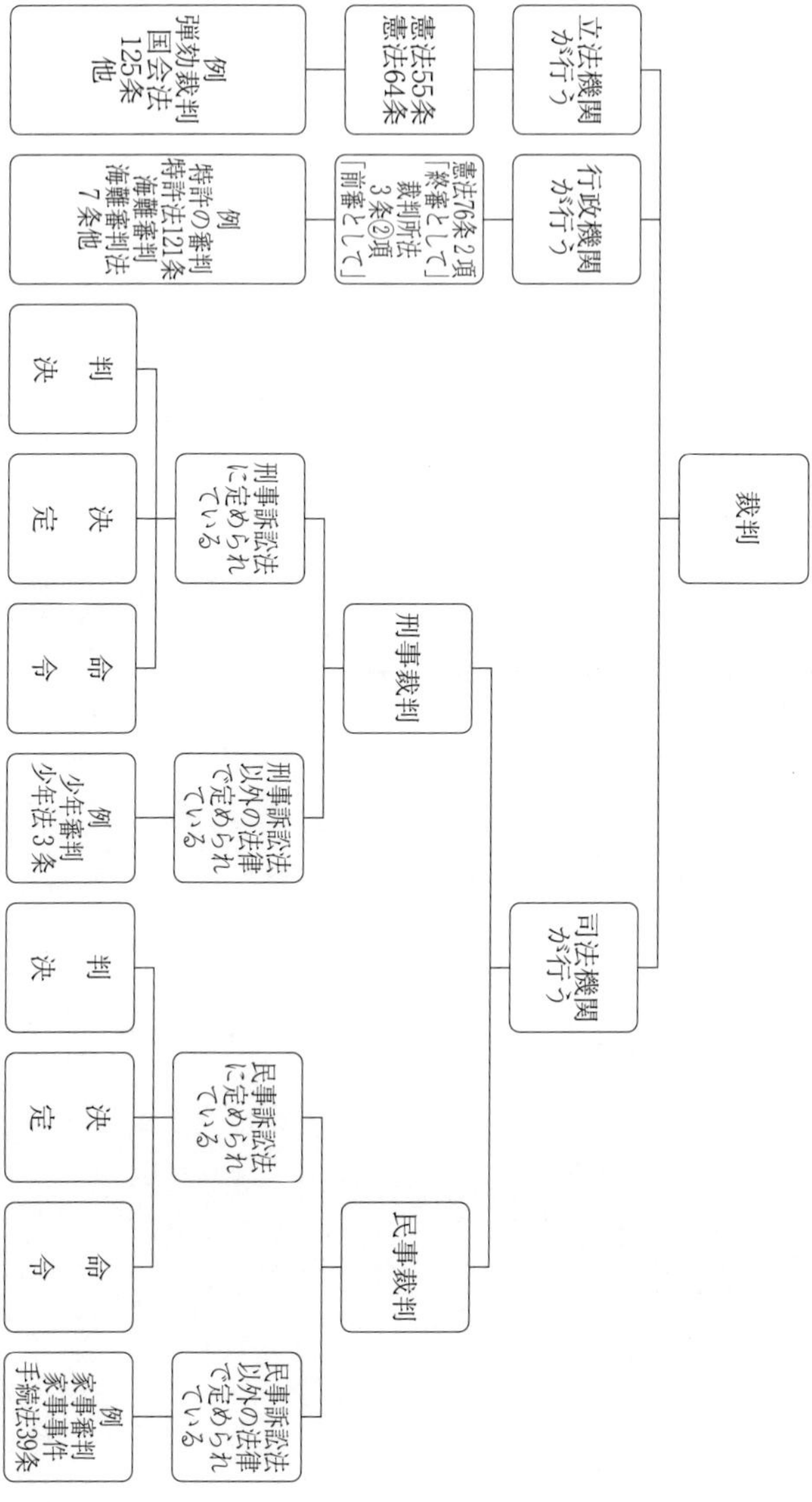

裁判
立法機関が行う
憲法55条
憲法64条
例
弾劾裁判
国会法
125条
他
行政機関が行う
憲法76条２項
「終審として」
裁判所法
３条②項
「前審として」
例
特許の審判
特許法121条
海難審判法
７条他
司法機関が行う
刑事裁判
刑事訴訟法に定められている
判決
決定
命令
刑事訴訟法以外の法律で定められている
例
少年審判
少年法３条
民事裁判
民事訴訟法に定められている
判決
決定
命令
民事訴訟法以外の法律で定められている
例
家事審判
家事事件手続法39条

【表　裁判とは何か（３）】

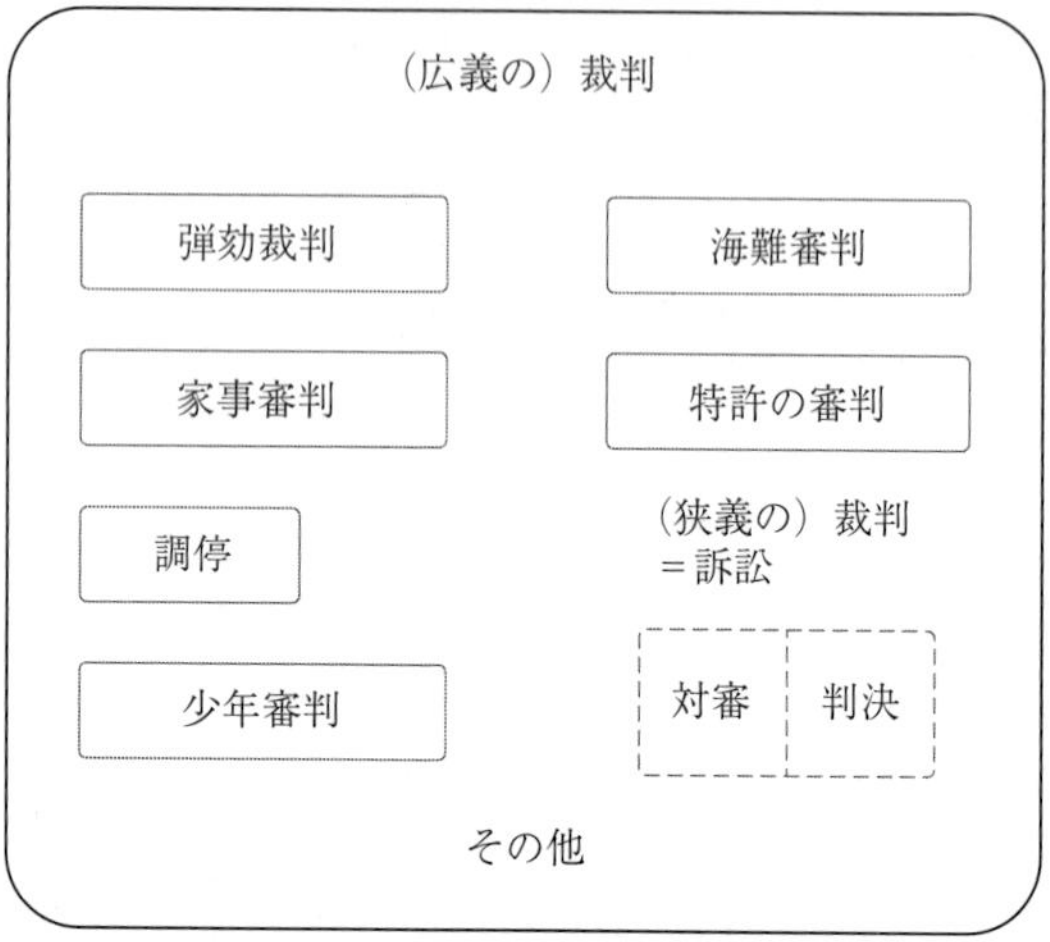

宮脇幸彦・林屋礼二（編集代表）『民事手続法辞典（上）』（ぎょうせい、1995年）「裁判」503頁より作成。

憲法八二条一項の対象となるのは、点線の部分（対審＋判決）です。すなわち、憲法上、公開が義務づけられているのは、点線の狭義の裁判（訴訟）のみです。

以上の表を見ると、《一年生が思い浮かべる裁判とは、裁判のごく一部の種類のもの（訴訟）に過ぎないこと》が視覚的に容易に理解できると思います。

そもそも、ほとんどの学生は多義語に対する認識が希薄《きはく》というか欠けています。教員がわざわざ講義で取り上げた時だけ、気をつければいい位にしか思っていません。しかし、日常会話と法律の世界で、同じ単語の意味が乖離《かいり》することは、特殊な事例ではありません。むしろ、頻繁《ひんぱん》に起こりうることです。そして、単語の意味が日常会話での使われ方と法学上の使われ方で違うことを、教員が懇切《こんせつ》丁寧《ていねい》に説明するのは、せいぜい一年生の前期位までです。それ以降、教員は、「単語の意味は、教科書にちゃんと書いてある。学生だってそれ位、自分で勉強するだろう」と考え、単語の意味について説明することはほとんどなくなります。ですから、みなさんは、先生に言われなくても、常に「自分は、この言葉の法学上の意味を本当に正しく理解しているのか」と、自分に問いかけて下さい。疑問に思ったら、すぐに教科書を開きましょう。

2　日常会話の世界と法の世界では使われる言葉の意味が違う

1　日常用語と法学用語では意味が全く異なる例

	日常用語	法学用語
善意	他人のためを思う親切心	ある事情、事実を知らないこと
悪意	他人を憎み、害を加えようとする気持ち	ある事情、事実を知っていること
果実	（くだもの） 食べられるものでリンゴ・カキ等	（かじつ） ある物から生み出される収益
社員（注）	会社の一員として働いている人	株式会社の株主など

（注）なお、日常用語の社員（会社で働いている人）を意味する法学用語は、労働者、被用者、従業員などです。

２　日常用語と法学用語では意味がずれている例

日常用語と法学用語で意味がずれている例は、たくさんあります。例えば、黙秘権、条件、担保、抵当、公務員、治癒・治る、紛争解決、当事者・関係者、裁判、倒産・破産、など。ここでは、条件と公務員について、簡単に説明します。

(1)　条　件

法律上の「条件」とは、「試験に合格したとき」のように、将来発生するかどうか不明な、不確実な事実を意味します。試験に落ち続けると、「試験に合格したとき」は、永遠に訪れません。

翻《ひるがえ》って、日常会話では、「契約の条件として、売買代金の支払期日を平成二十一年三月十五日にすることにした」と言うのは珍しいことではありません。しかし、平成二十一年三月十五日は、必ず来るものです。「試験に合格したとき」のように、将来発生するかどうか不明な、不確実な事実ではありません。具体的な日時は、法学用語の「条件」にはなりません。(39)

(39)　『ポケット六法〔平成二六年版〕』の資料編（一九四六頁）には、「銀行取引約定書」が掲載されていました。「銀行取引約定書」の冒頭では、「私は、貴方との取引について、次の条項を確約します」と書かれています。銀行取引約定書では、「条項」という単語を用いていました。つまり、「条件」という単語を使っていません。

(2)　公務員

卒業後の進路として、日常的に言われる「公務員」は、「国や地方公共団体（都道府県など）の事務職員のこと」を意味します。ところが、法律上の「公務員」とは、内閣総理大臣や国会議員などの政治家も含みます（憲法一五条参照）。

	誤ったイメージ	正しい意味
条件	支払日を、平成二四年三月一日とする。(注1)	支払日を、甲さんが試験に合格した日とする。(注2)
公務員	国・地方公共団体の事務職員	内閣総理大臣や国会議員も含む（憲法一五条）。

（注1）　必ず支払うべき時が到来する。

（注2）　合格するかどうか不明＝支払うべき時が本当に来るか否か分からない。

3　法学用語は、広義の意味と、狭義の意味の二通りの意味がある

——上位概念と下位概念

日常会話の世界と法の世界で同じ単語の意味が乖離《かいり》するばかりでなく、同じ法律の中で、広義と狭義の二つの意味に使われることがよくあります。広義の意味の方が上位概念であり、より大きな意味です。狭義の意味の方が下位概念であり、より小さい意味です。ここでは、具体例として、憲法の「国務大臣」と民法の「抵当権」を取り上げます。

【国務大臣】

広義（広い意味）	内閣総理大臣を含む	憲法六六条一項
狭義（狭い意味）	〃　を含まない	憲法六八条一項

（憲法六六条一項）
内閣は、法律の定めるところにより、その首長たる内閣総理大臣及びその他の国務大臣でこれを組織する。

憲法六六条一項の「その他の国務大臣」という書き方に注意して下さい。この書き方から、憲法六六条一項の「国務大臣」＝「内閣総理大臣を含む」と解釈できます。この条文と次の参考文例を見比べて下さい。

（参考文例）
内閣は、法律の定めるところにより、その首長たる内閣総理大臣及び国務大臣でこれを組織する。

【抵当権】

	内容	使用例
広義（広い意味）	普通抵当権と根抵当権の両方を含む。	民法第二編第一〇章抵当権の「抵当権」
狭義（狭い意味）	普通抵当権のみを意味する。根抵当権を含まない。	昭和四六法律九九施行前の民法第二編第一〇章抵当権の「抵当権」

広義の「抵当権」

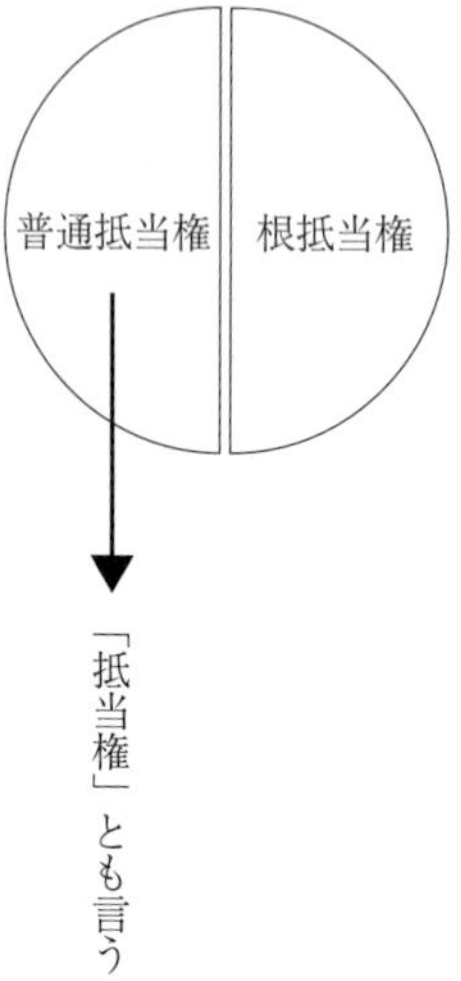

抵当権については民法（物権）で学びます。抵当権は、講学上、普通抵当権と根抵当権の二つに分類されます。

民法では、始めに、普通抵当権を勉強しますが、この時、いちいち「普通抵当権」とは言いません。単に「抵当権」と言うことがほとんどです。

もともと民法三九八条の「抵当権」とは「普通抵当権」のことであって、「根抵当権」は想定されていませんでした。「根抵当権」は取引実務の知恵によって生み出されたものであって、民法には明文規定がなかったのです。しかし、明文規定がないために、いろいろと問題が生じたため、後から民法三九八条の二以下が定められました。その結果、民法三九八条の「抵当権」の範囲が拡大され、根抵当権も含まれるようになりました。

普通抵当権は、一つの債権（特定の債権）を担保するために設定されます。例えば、平成三年四月五日に一〇〇万円を借りたときに、マイホームに抵当権を設定したとします。この場合、当該一〇〇万円を弁済すると、普通抵当権は消滅します。

根抵当権は、債権の範囲（極度額）は決まっていても、債権額自体はあらかじめ確定してはいません。その結果、一つの債権が弁済されたとしても、当該弁済によって根抵当権が消滅するか否かはケースバイケースです。

4　同じ法学用語でも、使われる領域（法律）が異なると、意味が違うことがある

3では、同じ法律（憲法なら憲法）の中で、意味が違う例を挙げました。しかしながら、法学用語は、同じ法律の中だけで使うのではなく、複数の法律の中で横断的に使われます。この場合、成年の

ように、複数の法律のどの領域でも同じ意味に使われるものもありますが、同じ単語を法律ごとに違った意味に使い分けていることもよくあります。以下では、違う法律（領域）の間で同じ言葉を違う意味で使っている例をいくつか挙げます。

【詐欺】

刑法二四六条	他人をだまして財物を交付させたことが要件となる
民法七〇九条	〃　損害を発生させたことが要件となる

（注）結婚するつもりがないにもかかわらず、「結婚しよう」と言ってホテルに行っただけでは、財物の交付（お金を渡す）がないので、刑法上の詐欺罪には該当しません。けれども、民法上の詐欺には該当します。

【自白】

刑事訴訟法	自己の犯罪事実の全部または一部を認める供述
民事訴訟法	相手方のなした事実に関する主張が間違いない旨を述べること

（注）民事訴訟においては、「信号は青だった」という事実に関する事柄にも自白が成立します。必ずしも、犯罪などの悪いことをしたという事実

に限りません。中野哲弘『わかりやすい民事訴訟法概説』（信山社、一九九八年）五五頁。

【出生】

刑法	通説は、一部露出説
民法	通説は、全部露出説

【和解】

民法六九五条	明文上、互譲が要件。裁判官は関与していない
民事訴訟法二六五条	〃　　は不要。〃　が関与している

【裁判員】

裁判員の参加する刑事裁判に関する法律一条	国民の中から選任される。
裁判官弾劾法一六条	衆議院議員と参議院議員から各々選任される

【期間】

民法一四二条	土曜日は期間が進行するが、日曜日は進行しない
民事訴訟法九五条三項	土曜日も日曜日も、進行しない
刑事訴訟法五五条三項但書	〃　　進行する

【時効】

民法一六二条	取得時効	権利を得る（他人の物が自分の物になる）
〃　一六六条	消滅時効	権利を失う（他人に代金が請求できなくなる等）
刑法三二条	刑の時効	有罪判決はなされたが、刑は免除される
刑事訴訟法二五〇条	公訴の時効	そもそも刑事裁判（訴訟）が行われなくなる

（注）小説・ドラマで「時効が成立して犯人は逃げ切った」などと言われることがありますが、それは、「公訴の時効」のことです。

【親族】

証言拒絶権を有する親族	民事訴訟法一九六条一号	配偶者、四親等内の血族、三親等内の姻族
	刑事訴訟法一四七条一号	〃　三親等　〃　二親等　〃
親族	民法七二五条	〃　六親等　〃　三親等　〃

（注）証言拒絶権は、親族以外にも認められています。民事訴訟法一九六条、一九七条、刑事訴訟法一四六条、一四七条、一四九条参照。

第四編　答案の書き方

1　根拠法条を必ず書く

現行法（実定法）の科目の試験では、答案に、必ず根拠法条（有無を含めて）を書きましょう。少なくとも私は、根拠法条を書いていない答案は、基本的に零点にします。反対に根拠法条が細部まで詰めてきちっと書いてあれば、たった一行の答案でも七〇点と評価します。どんなに立派な内容の答案を書いたとしても、私が「法律はそんなことを認めていない。法律のどこに書いてある？」と詰め寄ったときに、みなさんが答えられない（根拠法条を示せない）ようでは、「現実の法律を無視して理想論だけを述べた答案」と評価せざるを得ません。実定法（現行法）の科目の試験の場合、「現行法はどうなっているかを、正確に把握しているか否か」、が評価の一番の対象となります。

根拠法条を書く（引用する）場合に、みなさんに気をつけてもらいたいことが五つあります。

【根拠法条を必ず書く】

注意①　問いに対する適切な条文を引用すること。
注意②　原則から答えること。
注意③　根拠法条を明記するときは、憲法、法律の順番で書くこと。
注意④　根拠法条は、細部まで詰めて書くこと。
注意⑤　根拠法条がない場合は、ないと言い切ること。

2　問いに対する適切な条文を引用する

問題一　『ヴェニスの商人』のあらすじを読んで、次の問いに答えて下さい。

（問一）　民法九〇条の観点から、シャイロックが人肉を担保にとったことの是非を論じなさい。

（問二）　憲法三二条の観点から、シャイロックの「裁判を受ける権利」が守られていたといえるか否かを論じなさい。

（問三）　民事訴訟法二四条の観点から、ポーシャが事件を担当したことの是非を論じなさい。

《あらすじ》
ヴェニスの商人アントーニオは、友人バッサーニオのために、シャイロックからお金を借りる。アントーニオは、お金を借りた時、お金を返せなかった場合には、お金の代わりに、「自分の体の肉、心臓に最も近いところ一ポンド」をシャイロックに差し出すことを約束する。借金の返済期限が来た時に、アントーニオはお金を払えなかった。そこで、シャイロック（原告）は、アントーニオ（被告）の人肉の引き渡しを求めて裁判所に訴え出た。バッサーニオ（被告の友人）は、自分がアントーニオの代わりに約束の三倍の金銭を支払うことを申し出るが、シャイロックは拒絶する。裁判所の主宰者たるヴェニスの公爵は、裁判官としてベラーリオ博士を招聘《しょうへい》する。ベラーリオ博士は、病気を理由に招聘を断り、代わりにローマの若い学者バルサザーを推薦する。バルサザーは、バッサーニオ（被告の友人）の妻ポーシャが変装した若者であった。バルサザーは、シャイロックに「肉をとってもよいが血を流してならない」という判断を示し、結果としてシャイロックを敗訴させる判決を下した。

設問文を見れば分かるように、（問一）～（問三）では、聞いていることが違います。当然ながら、根拠法条も（問一）～（問三）で異なります。

ところで、試験では、このように根拠法条を明記した、あからさまな設問が出されることはありません。「憲法上の観点から論じなさい」などと、学生からすれば漠然とした聞き方をしてきます。出題する側の意図としては、「憲法三二条」とか「裁判を受ける権利」ということを学生に答えてもらいたいのです。しかし、「裁判を受ける権利とはどういうことか説明して下さい」と聞かれたら、答えられる学生であっても、逆に「裁判を受ける権利」を答えさせる問題だと、答えられないことはかなりあります。

それどころか、「憲法上の観点から論じなさい」「民事訴訟法上の観点から論じなさい」と聞いているのに、あたかも（問一）の問題が出されたかのように答えてくる学生が後《あと》を絶《た》ちません。この場合、学生が書いてくる内容自体は間違いではありませんが、問いに対する適切な解答でもありません。一言で言えば、ピントがずれているのです。採点する側の立場で言えば、「この学生は、民法は勉強したけれど、憲法は全然勉強しなかったのね」という印象を持ちます。

「頑張ってたくさん書いたのに、思ったより点数が低かった」という学生は、問いに対する適切な根拠条文を引用したかどうか（ピントが合っていたかどうか）を振り返ってみて下さい。

3　原則から答える

問題二　訴訟は公開されますか。根拠法条も併記《へいき》すること。

模範解答	公開される。根拠法条は、憲法八二条一項。ただし、個別の事件では、裁判官が全員賛成すると非公開で行われる場合がある。根拠法条は、憲法八二条二項。
間違った解答	非公開で行われる。根拠法条は、憲法八二条二項。

憲法八二条二項に書かれていることは、例外です。問いには、常に原則から答えるべきです。学生に言わせると、「原則を聞いているのか、例外を聞いているのか、明確に指示してほしい」のだそうですが、問題を作った側の意図としては、「○○と△△のどっちが原則で、どっちが例外か」も答えてほしいのです。さらに付言すると、法の世界では、大抵の場合に例外がありますが、絶対に例外が認められない場合というのも存在します（憲法三六条）。ですから、解答に当たっては、常に原則を最初に答えましょう。原則を答案に書き終えた後に試験終了までまだ時間がある場合には、「例外があるのか、ないのか。例外があるならば、具体的にどういう場合があるのか」、それを書けるだけ書けばよいのです。

４　「憲法→法律」の序列を厳守する

問題三　最高裁判所長官を任命するのは誰ですか。根拠法条も併記《へいき》すること。

模範解答	天皇。根拠法条は、憲法六条二項、裁判所法三九条一項。
間違った解答	天皇。根拠法条は、裁判所法三九条一項。

憲法と法律では、法の世界の序列（ヒエラルヒー）が違います。何といっても、憲法は絶対です。従って、憲法と法律の両方に根拠規定がある場合、憲法の法条が明記されていれば、法律の根拠規定を書き忘れても構いません。しかし、逆はダメです。憲法に根拠規定があるのに、それを書かずして法律の根拠規定だけを解答しても、何の意味もありません。少なくとも、私は、零点にします。部分点も与えません。なぜなら、極論すれば、法律に規定がありさえすれば、憲法を無視しても構わない、憲法違反の法律を容認する立場の答案と評価せざるを得ないからです。

問題四　人にお金を貸したとき、利息を取ることは認められていますか。それとも、禁止されていますか。根拠法条も併記すること。

模範解答	認められている。根拠法条は、民法四〇四条。
間違った解答	認められている。根拠法条は、憲法二九条一項、民法四〇四条。

憲法は重要ですが、何でもかんでも憲法を持ち出せばよいというものでもありません。私が上述したことは、あくまで「憲法と法律の両方に根拠規定がある場合」のことです。そして、「憲法」以外の科目で憲法が根拠法になるケースは、ほとんどありません。根拠法はあくまで「根拠」となるものであって、関連性がなくもない程度の規定は、根拠規定にはなりえません。

5　根拠法条は細部まで詰めて書く

問題五　裁判員裁判が行われる場合、裁判員は、何名が参加しますか。根拠法条も併記すること。

模範解答	六名。根拠法条は、裁判員法二条二項。
間違った解答	六名。根拠法条は、裁判法二条。

試験では、正式な法令名ではなく、一般的な略称を使っても構いません。しかし、略称は、あくま

で通常使われている略称をきちんと書かなければなりません。そうでないと、読む側は、何の法令を指しているのかサッパリ分からないからです。裁判員法ではなく、裁判法と書かれてしまうと、裁判所法と区別がつきません。同様のことは、民訴とか刑訴という書き方をした場合にも起きます。読む（採点する）側には、民事訴訟法なのか民事訴訟規則なのか、刑事訴訟法なのか刑事訴訟規則なのか、区別できません。解答に当たっては、可能であれば、正式な法令名をきちんと書くのがベストですが、時間が押していてそれが無理なら、必ず一般的な略称を明記して下さい。

次に、二条は解答として不十分です。二条二項が正解です。みなさんは、必ず、「項・号・但書（ただし書）・柱書」まで詰めて書いて下さい。なお、学年が上がると、勉強する科目によっては、「類」、「イロハ」、「(1)(2)(3)」、「(i)(ii)(iii)」「ＡＢＣ」「(a)(b)(c)」が法令に出てきます(40)。その場合は、当然、「類・項・号・イロハ・(1)(2)(3)・(i)(ii)(iii)・ＡＢＣ・(a)(b)(c)・但書（ただし書）・柱書」まで詰めて書いて下さい。

(40)　家事審判法九条、刑事訴訟法二八一条の四第一項二号、会社法九三七条一項一号ト、難民の地位に関する条約第一章第一条Ｂ（１）など参照

6　根拠法条がない場合は、ないと言い切る

ところで、既に「答案に、必ず根拠法条（有無を含めて）を書きましょう」と書きました。学生の中には、「問題には、答え（根拠法条）が必ずある」と決めてかかっている学生も少なくありません。しかし、それは間違いです。

問題六　最高裁判所長官以外の最高裁判所裁判官を指名するのは、誰ですか。根拠法条も併記すること。

模範解答	指名する人はいない。根拠法条はない。
間違った解答	国民審査。根拠法条は、憲法七九条二項。

指名という制度は、どんな場合にも必ず行われるものではありません。ですから、指名する人がいない場合も当然あります。問題で「指名するのは誰ですか」と聞かれたからといって、「必ず誰かが指名している」と決めつけるのは危険です。「無いものは無い」と言い切る態度を身につけることも必要です。

なぜなら、法学部生は、「○○を明確に認めた明文規定（法律の条文）はないが、△△条の規定を解

釈すると、法は、○○を当然に認めている趣旨と考えられる」という趣旨解釈や、「△△条には○○の記載がないが、○○にも類推適用するのが制度理念から妥当と思われる」という類推解釈を必ず学習します。これらの解釈技術の一番のポイントは、法律の条文に明確に書いてない事柄を、解釈によって導き出す点にあります。極論すれば、解釈技術とは、「書いてないことを書いてあることにする」ための手段です。従って、「書いてないことは書いてない」と素直に認めることが出発点となります。「書いていない」という事実を素直に認めずに「書いてある」と強弁することは、現実の法律の文言を無視して自分の理想を押しつけていることに他なりません。そういうゴリ押しは、少なくとも裁判所では通用しません。「無いものは無い」と言い切りましょう。

まとめ

1 試験では、必ず、根拠法条を書く。
2 根拠法条を書くためには、番号を暗記していない条文も、六法から探し出せるようになる。
3 六法から探し出せるようになるためには、①六法の使い方、②条文の読み方、この二つの技術を身につける。
4 試験時間内に探し出せるようになるためには、スピードを身につける。
5 スピードを身につけるためには、六法を引いて、引いて、引きまくる。

【条文解釈のための基本技術を身に着けるステップ】

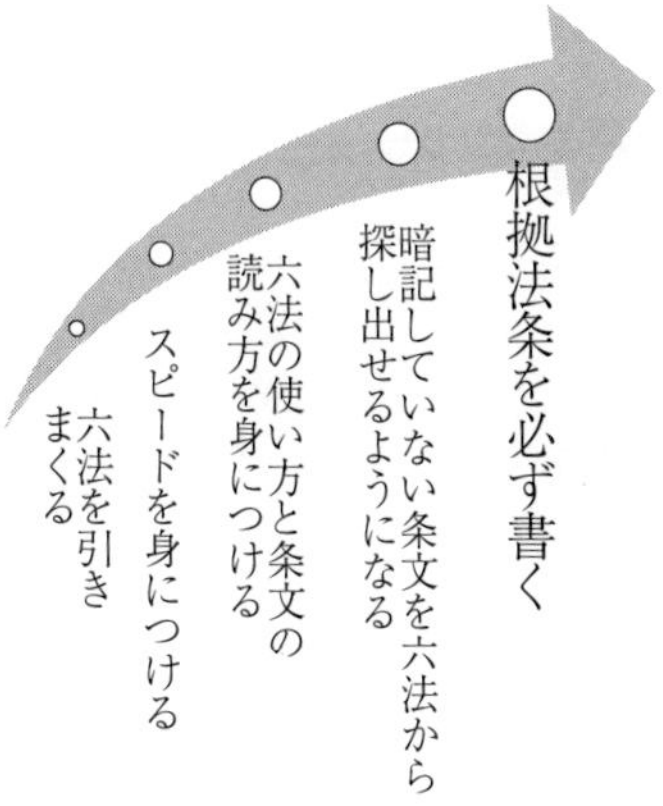

まとめ

【六法から根拠法条を探す】

法律を探す

インデックス・法令名索引を使う　／　目次を使う

↓

条文を突き止める

「法律の目次」と「条文の見出し」を使う　／　参照条文を使う

↓

根拠法条をきちんと引用する

「項」「号」「イロハ」に注意　／　「柱書」「但書」に注意

【根拠法条を読む】

主語に気をつける
「形式主語」と「意味上の主語」を意識する

↓

末尾に気をつける
「できる」、「する」、「しなければならない」の3つ

↓

単語に気をつける
同じことは同じ言葉を使う
同じ言葉でも使い方で意味が変わる
(勝手に意味を決めてしまってはいけない)

【六法から根拠法条を探す手順】

① 知りたい事柄が、何の（どの）法律の問題なのか、当たりをつける。

② 当たりをつけた法律の掲載箇所を、インデックス・法令名索引・目次から調べる。

③ 当たりをつけた法律の目次を読む。

④ 法律の目次で、目を通すべき条文の番号に当たりをつける。

⑤ 当たりをつけた条文の見出しだけを読んでいく。

⑥ その中に、これはと思う条文があったら、初めて、条文全部を読んでみる。

⑦ 念のため、前後の条文も全部読んでみる。

コラム① アガサ・クリスティーは偉大だ！

「書いてある通りに読み、覚え、他人に伝える」ということは、一見、誰にでもできそうに見えますが、実はほとんどの人ができません。むしろ、できないのが普通です。そのことを最もよく表している（と私が思っている）のは、アガサ・クリスティーの推理小説「聖ペテロの指のあと」(41)です。

この小説では、「人は聞いた通りに覚え、他人に伝えることができない」ため、殺された人がいまわの際《きわ》に残した言葉を、誰も正しく伝えられなかった。なぜ、同じ言葉を聞いたはずなのに、人によって、「あの人は死ぬ間際《まぎわ》にこう言った」という証言が食い違うのか。ある人は、「殺された人は《お魚をひともり》と言った」と言い、ある人は「殺された人は《一山の魚》と言った」と言い、またある人は「殺された人は《鯉を一山》と言ったように思う」と言った。人は聞いた通りに記憶しない。自分が理解したように記憶する。このことに気づいた探偵ミス・マープルが事件の真相を突き止めるというお話です。

人の記憶・伝達行動のメカニズムを本当に熟知しているからこそ書けた名作である、と私は思っています。しかし、「書いてある通りに読み、覚え、伝えることができないのは、人として普通なんだから、しょうがないよね」という訳にはいきません。法学部生たる者、それを乗り越えよう！

(41) アガサ・クリスティー（著）中村妙子（訳）『火曜クラブ』〔原題 The Thirteen Problems〕（早川書房、二〇〇三年）〔ハヤカワ文庫五四〕第六話収録。

コラム② M先生の教え「六法を引いて、引いて、引きまくれ！」

「六法を引く」というと、私が必ず思い出すのは、学生時代のM先生のお話です。M先生は、見た目はいかにも「東大法学部以外は人間にあらず」といったエリート臭をぷんぷん漂わせている先生でした。ですから、連続講義（集中講義）を担当されたM先生が、初回の講義でいきなり、次のように切り出した時には、本当にびっくりしました。

「私は東大法学部出身だ。偏差値でいったら、ピンからキリのいろんな大学で教えてきた。大勢の学生を見てきた。その私が言うのだから間違いない。いいかい、バカな学生は一人もいない。本当に一人もいなかったよ。」

東大生ではない私は、《この先生、何を言い出すのだろう。学生をヨイショして何の得になるんだろう》と思いました。でも、先生は話をどんどん続ける。

「でもね、勉強している学生も一人もいなかった。本当に一人もいないよ。まぁ、少しは勉強したかな、と思う学生はいたけど、本当に勉強している学生は皆無だね。司法試験に受かった奴もいたけど、まぁ、本人は勉強したつもりかもしれんが、ましな学生だったに過ぎないね。みんな、勉強してないよ。」

何となく微妙な雰囲気が教室に充満し始めましたが、先生はお構いなし。

「ここだけの話だけどね、東大の先生だって勉強してないよ。私の知る限り、本当に勉強しているのは、私一人だけだ。後はみんなダメ。外国のことは知らんが、こと日本法に関する限り、私ほど勉強している人間は、世界中どこにもいないよ。」

《この先生は何を言いたいのだろう》。私は、訳が分からず、戸惑うばかりでした。

「なんでこんなことを言うか、分かるかい？　実定法の勉強に関する限り、基本は六法だよ。六法を読んで、読んで、読みこむ。六法を読まずして、勉強した気になっているなんて、とんでもない。実定法はまず条文を読むことから始まる。穴があくほど、条文を何回も何回も繰り返し読む。自然に暗唱できるほどに読み込む。条文を覚えるつもりはないのに自然と覚えてしまうほどに条文を読みこんでいない人間は、基本ができていない！」

「法律が難しいなんて寝ぼけたことを言うんじゃない！　法律が難しいんじゃない。君たちが怠けているんだ。『怠けてない、頑張っている。』なんて言うのなら、条文を暗唱してみろ。『記憶力が悪いから覚えられない。』なんて言い訳はするな。嘘だと思うなら、条文を千回声に出して読んでみろ。本当に千回読んで、覚えられなかったら、記憶力が悪いことを認めてやる。大体、千回読む根性がない奴に限って、『自分は頭が悪い』とか『法律は難しい』なんて言い訳をするんだ！」

M先生に出会う前から、「条文を読め」とか「条文は大事だ」と言う先生はたくさんいました。けれど、「条文は何度でも繰り返し読むべきであること」をここまで強調された先生は、M先生が初めてでした。そして、学問という言葉が飛び交う大学の講義で、「根性」という単語を口にされたのも、M先生が初めてだったのです。

コラム③　逃がした魚は、アメリカ大統領の地位だった!?

ヒラリー・クリントンは、第四二代アメリカ合衆国大統領ビル・クリントン夫人ですが、全米で最も優秀な弁護士一〇〇人に選ばれたこともある大変優秀な弁護士でもあります(42)。彼女は、二〇〇八年アメリカ合衆国大統領選挙に立候補して、民主党の予備選挙の段階で同じ民主党のオバマに敗れまし

まとめ

【国・共和党方式】

	党員投票数		勝者	選挙人獲得数		選挙人獲得合計数	
	オバマ	ヒラリー		オバマ	ヒラリー	オバマ	ヒラリー
A州	40,000	10,000	オバマ大差	5	0	28	50
B州	24,000	6,000	オバマ大差	3	0		
C州	40,000	10,000	オバマ大差	5	0		
D州	40,000	30,000	オバマ僅差	7	0		
E州	40,000	10,000	オバマ大差	5	0		
F州	24,000	6,000	オバマ大差	3	0		
G州	230,000	270,000	ヒラリー僅差	0	50		

最終勝者　ヒラリー

【民主党方式】

	党員投票数		勝者	選挙人獲得数		選挙人獲得合計数	
	オバマ	ヒラリー		オバマ	ヒラリー	オバマ	ヒラリー
A州	40,000	10,000	オバマ大差	4	1	43	35
B州	24,000	6,000	オバマ大差	2	1		
C州	40,000	10,000	オバマ大差	4	1		
D州	40,000	30,000	オバマ僅差	4	3		
E州	40,000	10,000	オバマ大差	4	1		
F州	24,000	6,000	オバマ大差	2	1		
G州	230,000	270,000	ヒラリー僅差	23	27		

最終勝者　オバマ

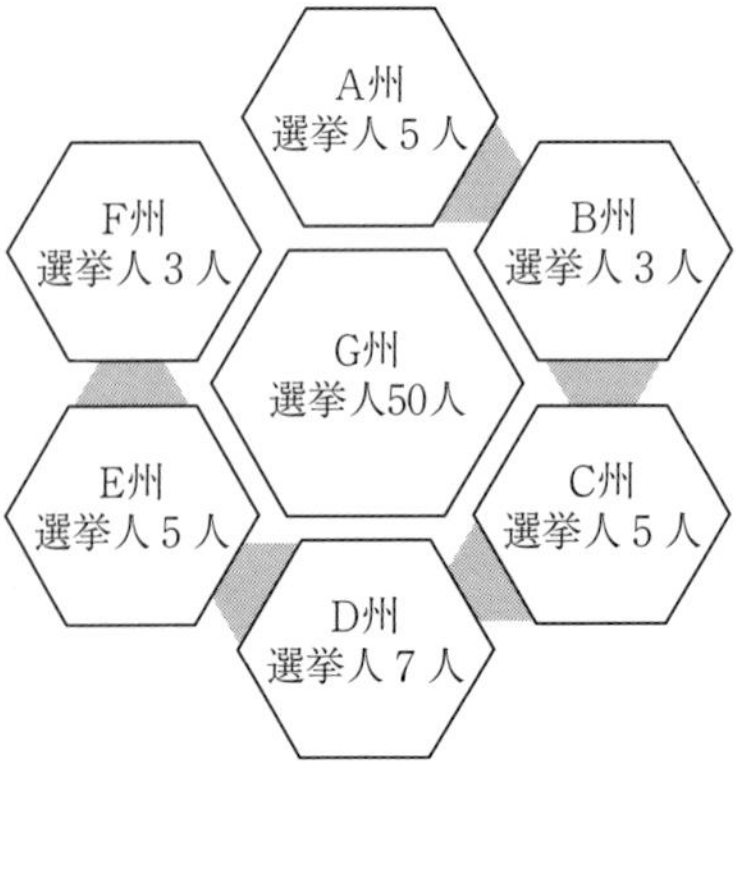

た。落選原因については諸説ありますが、一説によると、「ヒラリーは、自分が所属する民主党の大統領予備選挙に関する党規則の確認を怠ったために、アメリカ大統領の座を逃したのではないか」と言われています。[43]

ルール（規範や法律も含む）を勘違いしたまま、確認を怠ったことは、弁護士としては痛恨のミスでしょう。彼女の名誉のために言えば、法律のプロ中のプロほど実は条文を読みません。というか、読まなくても分かる＝暗記しているのが普通です。M先生が言ったように、覚えるつもりがなくても、自然と暗記しているのです。けれども、暗記だけに頼るのは危険です。人間である以上、プロ中のプロだって勘違いすることは間々あります。弘法も筆の誤り、猿も木から落ちるのです。ですから、一年生が暗記に頼って条文を読まないなんて、トンデモナイ。おっくうがらずに、六法を引こう！

【アメリカ大統領選挙】

アメリカ大統領選挙の仕組みを簡単に言うと、民主党・共和党の各候補者がそれぞれの党大会で一人に絞られます。その後、一般選挙において、事実上、民主党と共和党の候補者の一騎打ちとなります。そして、当選者の決定方法は、一般選挙（国）と共和党は同じですが、民主党は違います。

一般選挙（国）及び共和党は、州ごとに勝敗を決め、勝った方が当該州の得票数を丸取りします。その結果、たとえ僅差《きんさ》であっても、大票田であるニューヨーク州などで勝つことが勝敗を決します。

反対に、民主党では、各州での得票数をそのまま合計して、勝敗を決します。従って、いわゆる大票田の州において僅差《きんさ》で勝ったとしても、小さな州で負け続ければ、民主党の大統領候補には選ばれなくなります。

その違いを簡単な表にすると、一三二頁のようになります。

オバマは最初から小さな州をこまめに周り、小さな州で人気を得ました。ところが、ヒラリーは当初、大きな州だけを廻り、小さな州を廻りませんでした。その結果、小さな州の人々は、《ヒラリーは大都市だけを見ていて、小さな州を見捨てている》と感じたと言われています。

(42) 朝日新聞電子版「ポスト・ブッシュの選択 '〇八年米大統領選挙」の民主党候補者プロフィール参照。http://www.asahi.com/international/president/profile.html.(二〇一四年三月三〇日取得)。
(43) 日経ビジネス二〇〇八年六月一六日号一一頁「なぜヒラリーは敗れたのか 迷走した選挙戦略、元凶はビル?」。

コラム④ 編者とは何する人ぞ

「司法試験用六法」には編者がいません。ところが、市販の六法には、必ず編者がいます。六法によって、編集か、編集代表か、監修か、名称の違いはありますが、必ず編集作業を行っている人がいます。

編者が具体的に決めていることはたくさんあります。例えば、膨大な数の現行法のうち、どの法律を掲載するか、あるいは掲載しないのか、それを決めているのは編者です[44]。厳密に言えば、六法に掲載されているのは、現行法に限りません。昔の法律（大日本帝国憲法）、条約（日本が批准していないものも含む）、統計、資料、書式見本、参照条文など、様々なもの（情報）が掲載されています。編者は、膨大な情報のうち、何を掲載するのか、それをどういう順序で並べるのか、その掲載順も決めています。その結果、何が掲載されているのか、どこに掲載されているのかが、六法ごとに違っているのです[45]。六法の個性は、編者によって生じていると言えます。

(44) 例えば、恩赦法は、『岩波基本六法（二〇一三年版）』には全文が掲載されています。しかし、『デイリー六法（平成二六年版）』には、全文ではなく一部のみしか掲載されていません。『ポケット六法（平成二六年版）』になると、恩赦法は全く掲載されていません。

(45) 「大日本帝国憲法」は、現行法ではないにもかかわらず、一般の六法には必ず載っています。しかし、「陪審法」はれっきとした現行法であるにもかかわらず、どの六法にも掲載されていません（ただし、一九四三年に、陪審法は停止されています）。

反対に、「改正刑法草案」は、法律ではなく、草案に過ぎないにもかかわらず、『岩波基本六法』には掲載されていました。『ポケット六法』には、平成二三年版までは改正刑法草案が掲載されていました。

コラム⑤　弁護士の仕事ぶり

ある時、無料法律相談を行う弁護士さんのお供をさせて頂いたことがありました。主催者や相談に来た方、それぞれに個別に同席の許可を頂いて、私も一緒に相談の話を伺いました。相談は一人三〇分まで。時間は、午後一時から五時までの四時間で、相談者は合計八人。相談内容は、弁護士には事前に一切知らされていません。本当に出たとこ勝負だったのです。しかも、無料法律相談の場合、次回の相談というものがありません。ですから、相談時間の三〇分以内に、何らかのカタをつけなければいけません。弁護士は一人。弁護士自身が相談できる人（先輩など）は、誰もいません。さぁ、一体何をどうするのか。

相談は本当に多岐にわたり、ご近所トラブル・家族問題・借金・家の立ち退きなど……弁護士は淡々と、民法、商法はもちろん、戸籍法、当時の家事審判法[46]、保険法、土地収用法、様々な法律の条文を猛スピードで開いて、読んで、相談者に説明して、また新たな質問に答えていく。「（解決策が簡単に見つからないという意味で）難しいですね。」を何度も口にしながら、でも、手元は素早く。「鮮やか・お見事」という他ありません。後でお話を伺ったら、「戸籍法、保険法、土地収用法は初めて読んだ。」「えっ、本当ですか。それにしても、あれだけ話が変わるのに、よく分かりましたね。」「あぁ、司法修習時代に読んだかもしれない。もう覚えてないけど。どっちみち、司法修習の頃とは、条文も違っているしね。」

法律の専門家たる弁護士であっても、基本は変わらない。「条文を探し、読み、意味を考える、伝える。」これこそが法律の基本に他なりません。

(46) 平成二三年五月二五日法律第五二号によって、家事審判法は廃止され、代わって、新たに家事事件手続法が制定されました。

コラム⑥　専門用語と日常用語はどうやって見分ければよいのですか？

ある日、学生から次のような質問を受けました。

「条文には、父・母など日常用語も使われています。『日常用語と同じ言葉だけど、法律の専門用語として日常用語と違う意味で使う単語がある』と先生は話されましたけど、それはどうやって見分ければよいのですか?」

例えば、憲法三五条①項「何人も」の「人」という単語は、日常用語では「人間」を意味しますが、法学用語では「自然人(人間のこと)+法人」を意味します。従って、法学の専門用語としての「人」には、会社や学校や銀行も含まれるのです。

このように、法令の条文で使われている単語は、たとえ日常用語と同じ字面の単語であっても、日常会話と同じ感覚で使ってはいけないのです。言い換えれば、同じ意味と考えてはダメ、ということです。学生が「見分け方を知りたい」という質問をしてくる心理の背景には、「条文で使われている日常用語と同じ字面の単語の中には、日常用語と同じ意味の単語と、(専門用語として)日常用語と違う意味で使われる単語の、二種類が混在している」という思い込み(?)があります。しかしながら、法令の条文に書いてある単語は、すべて専門用語です。従って、日常用語と字面が同じ単語で、かつ、日常用語と完全に同じ意味で使う単語は、条文には存在しません(もっとも、絶対に存在しないかどうかは、私にもよく分かりませんが……)。少なくとも、法学を勉強する者の態度としては、「日常用語と字面が同じでも意味は日常用語とは違う。」そう思っていて下さい。

厳密に説明すると、《法学の専門用語の中には、「人」のように日常用語と字面が被っている単語、言い換えれば、一見すると専門用語とは思えないけれども実は専門用語である単語と、「法定受託事務」のように誰もが一見してすぐに専門用語だと分かる単語、この二つが混在している》のです。法令の条文には、字面が日常用語と同じ専門用語がたくさん出てきます。その結果、学生は、日常用語と同じ意味だと無意識に決めてしまったまま条文の内容・意味を理解しようとします。けれども、その態度が間違いの元なのです。学生、特に一年生は、その間違った態度・無意識にとっている態度を、意識して自分で矯正《きょうせい》していく必要があります。全部です。法令の条文で使われている単語の全部が専門用語なのですから、「専門用語と日常用語を見分ける方法」もへったくれもありません。

多分、質問をしてくる学生の真意には、「日常用語と同じ字面の専門用語は、専門用語として、どういう意味で使われているのか分からないから、調べ方や勉強の仕方を教えて欲しい」ということも含まれているのだと思います。そうだとすると、その疑問に対する答えは、「ある単語に出会う度に、一つ一つ教科書や法学用語辞典で調べていく以外に方法はない。そのためにも、一年生は基本的な法律を最初に勉強する必要がある」となります。

例えば、特許法四八条の三第一項には「何人も」が出てきます。しかし、特許法の教科書を読んでも、「何人の人には、会社や銀行や学校が含まれます」等という説明が書いてあるとは限りません。なぜなら、法学の専門用語の「人」は、通常、民法総則の教科書で説明されるため、特許法の教科書では「人の意味くらい、民法を勉強して分かっているよね」という感じで説明が省略されていることがあるからです。だからこそ、一年生は、憲法・民法・刑法から勉強していく必要があるのです。

法学の基本的な言葉遣いや基本的な考え方というものは、基本的な法律に集約されています。そして、基本的な法律は何かと言うと、いわゆる六法であり、そのなかでも憲法・民法・刑法の三つが一番重要な法律となります。無論、「治癒」など、基本となる六法には出てこないけれども日常用語と字面が同じで、かつ日常用語とは違う意味で使われる法律の専門用語が、六法以外の法律に現れることも皆無ではありません。けれども、憲法・民法・刑法をしっかり勉強していると、日常用語と同じ単語が法令の条文に出てきた場合に、「この単語はどういう意味だろう。普段、使っている意味と同じだろうか」と疑う習慣が身につきます。

この本を読んでいる皆さんは、一例として「殺人」の意味を確認してみて下さい(47)。

(47) ドラマや映画で、「あんたがうちの人を殺したんだ。人殺し」と叫ぶシーンがありますが、刑法一九九条が規定している殺人は、「殺すつもりで人を死なせた」場合に限定されています。従って、けがをさせるつもりで人をわざと殴った場合、たとえ打ち所が悪くて殴られた人が死亡したとしても、殺人にはなりません。

第二部　応用編　明らかな間違いをしないようになろう！

はじめに――法律解釈の正解は一つではないけれども、明らかな誤りはある。

学生に課題を返却した際に、ある学生から質問を受けました。

「なぜ私の解答がダメなのかが分かりません。先生が説明した正解が正しいのは理解できますが、解釈には色々な解釈があって解釈の正解は一つではないのだから、私の考えだって『あり』なのでは。私の解答は間違いとは言い切れないと思います」と。

この学生の質問に、私は衝撃を受けました。なぜならば、「正解を説明すれば、学生は自分の（明らかな）間違いを理解するだろう」と、思い込んでいたからです。《**正解の提示は、別解の存在の可能性を否定しない**》のに……。

法学系の教員は、みな異口同音に「法律解釈は一つではない。様々な解釈がありうる。自分がどの考え・解釈をとるかをしっかり考えるのが大事だ」と口にします。確かに、法学においては色々な考え・解釈があり得ますから、論述問題などの正解は一つとは限りません。けれども、法学の答案においても「明らかな誤り」が存在します。

ですから、初学者（一年生）は、「法学における明らかな誤りとは何か」を学び、「**明らかな誤りをしないようになる！**」ことを目指しましょう。以下では、第一部で述べた「文字通りに読む」「文字通りに解釈する」を、講学上の呼び方「文理解釈」と表現してお話ししていきます。

第一編　明らかな誤りとは何でしょうか

第一章　条文の文言を見誤ると、0点の答案になってしまう
――憲法一五条三項を例に――

明らかに間違っている答案がおかしている誤りには、大別すると二つのパターンが存在します。その一つが、条文の文言を無視した答案です。もっとも条文を無視しようと決意して無視する学生（確信犯）は、いません。たいていの学生は、条文に従う（法律を守っている）つもりで、自分の記憶（脳内Google検索）で《たしか、こんなような内容の条文だったはず》というウロ覚えの記憶を頼りに答案を書いてくる。そのウロ覚えの記憶自体が間違っていた。そんな学生がほとんどです。このような学生の答案は、《条文を無視した答案》というよりも、《文言を見ていない》《見たけど見誤っている》、もっと堅苦しい言い方をすれば《文理解釈を踏み外した答案》という方が適切でしょう。

そもそも、様々な法律解釈というものは、すべて、文理解釈を踏まえたうえでなされる解釈です。ですから、文理解釈を踏み外すと、絶対的誤り・0点の答案になってしまうのです。他方で、学生が「自分の解釈は、解釈の一つとしてありだ。法の世界の正解は、一つではないのだから」と妄信してしまうと、自分なりに考えた解釈が文理解釈を踏み外していても、自分自身で気づくことはまずありません。

そこで、以下では、憲法一五条を例に、文理解釈を踏み外した答案（解釈）について、説明しましょう。

1　公務員志望の学生を黙らせる一言「へぇ～、選挙に出るつもりなんだ」

学生の中には、公務員志望の学生が少なくありません。公務員志望の学生と話をするとき、かつての私には、必ず言っていた決め台詞がありました（今は言っていませんが）。

憲法一五条三項を示しながら、「へぇ～、貴方、選挙に出るつもりなんだ。選挙に出なきゃ、憲法違反だよね」。

憲法第一五条三項
公務員の選挙については、成年者による普通選挙を保障する。

無垢な一年生だと、ほぼ一〇〇%黙り込みます。稀に、「憲法一五条三項は、国会議員とか県知事選挙についての規定と習いました」と反論されることがありますが、「憲法一五条三項の『公務員』って政治家のことなんだ。じゃぁ、一五条三項の『全体の奉仕者』の規定は、お役人には無関係なんだ」と混ぜっ返すと、学生は絶句したきり。会話がストップします。

「公務員」という単語のように、日常会話で使われる言葉の意味と法律上で使われる言葉の意味が食い違っていることは、普通にあります。ところが、学生には《法律で使われる言葉の意味は、日常会話の意味とは違う》という認識がありません。ですから、「公務員」と言えば、横浜市役所の職員など、いわゆる地方公務員事務職の人を無意識に思い浮かべる学生がほとんどです(1)。

では、憲法一五条が言及している「公務員」とは、どういう意味なのでしょうか。法律上の「公務員」とは、乱暴に言ってしまえば、税金から給料（みたいな報酬）が支払われている人のことを言います。給料（みたいな報酬）という言い方をするのは、給料には所得税が課税されるけれども、国会議員が得る歳費は課税されないので、歳費は給料ではないからです。結論として、現行法（憲法一五条③項）が用いる「公務員」という言葉には、国会議員・市議会議員を始め、警察官、公立の小学校の先生、国立病院の看護士など、いろいろな人が含まれます。従って、憲法一五条三項は、国立病院の看護師や警察官などの公務員を選挙で選ぶことについても普通選挙を行うことを保障した規定なのです。

(1)　「警察官」や「小学校の先生」を将来の進路に希望している学生になると、《公立の小学校の先生も公務員である》ことを知っていますが、選挙を経ない職種のみを思い浮かべることには変わりありません。

2　「公務員の選挙」という文言は、「公務員を選挙で選べ」とは言っていない

次に、「公務員の選挙」という文言についてですが、この言葉は、「公務員を選挙で選べ」とは言っていません。正しくは、「公務員を選挙で選ぶ場合には」と言っているのです。

学生は、例えば、《横浜市役所の職員は公務員であるし、選挙を経ずに採用試験で採用が決まる》ことを知っています。同時に、憲法一五条三項によって「市議会議員などの選挙において普通選挙が

保障されている」ことも理解しています。ただ、これらの学生は、学校や塾で教えられたことを暗記しているだけにすぎません。

けれども、このような学生でも聞き方を変えると、正確に答えられることが少なくありません。次の文章を読んで下さい。

> 学生の退学については、教授会の承認を要する。
> アルバイトの欠勤については、店長に直接連絡すること。

このようなルールが大学や会社に定めてあった場合、「学生に退学しろ」とは言っていませんし、「アルバイトを休め」とも言っていません。あくまでも「退学するなら」「欠勤するなら」というルール（規定）です。

横浜市役所の職員をどう選ぶか、あるいは、国会議員をどう選ぶかという問題について、憲法一五条三項は、何も言っていません。(2)他方で、横浜市役所の職員を全員選挙で選ぶべきだと考えるのも、個人の思想の自由です。答案やレポートでは、このことを意識して明確に書いておくことが必須になります。

	答案例	評価
解答A	公務員を全員選挙で選べということは、憲法一五条三項に明記されている。	×
解答B	公務員を全員選挙で選ぶことは憲法には明記されていないが、全員選挙で選ぶことが、憲法一五条三項の制度の趣旨に適うと、私は考える。	○

文理解釈について付言すると、「文理解釈」とは、解釈の一つであって、日本語の文法通りには読みません。憲法三八条三項を読んでみて下さい。

> 憲法第三八条三項
> 何人も、自己に不利益な唯一の証拠が本人の自白である場合には、有罪とされ、又は刑罰を科せられない。

憲法三八条三項は、言語学的には、典型的な曖昧《あいまい》文であり、日本語の文法通りに読むならば、《自白という証拠がありさえすれば、有罪とされる》ことにもなってしまいます。(3)しかし、文理解釈では、論理的修正などを加えて、「自白があっても、それしか証拠がない場合には、有罪とされないし、刑罰も科せられない」と読みます。文法通りに読むのではなく、既に解釈を始めているのです。解釈を始めるのは、文章全体はもちろん、単語にも及びます。ですから、例えば「公務員」という単語の解釈・意味が、法律用語の文理解釈と日常会話で異なっていても、全く問題ありません。

（2）「議員などを選挙で選べ」と言っていますが、反対に、選挙の仕方については何も言っていません。学生が社会常識として知っている「市長などは普通選挙で選ばれる」ということは、憲法一五条、四三条、九三条の三つがあってこそ、です。

（3）英語では、not A or B の語順で、「or＝又は」の前に否定辞「not」が入るため、「有罪とされない。又は刑罰を科せられない。」という意味に読むことが確定的に決まります。けれども、日本語では、「又は…ない」の語順で、「又は」の後に否定辞「ない」が入るため、言語学の観点では、憲法三八条三項は、

(i)「有罪とされる。又は刑罰を科せられない。」とも読めるし、

(ii)「有罪とされない。又は刑罰を科せられない。」とも読める、曖昧文となります。

なお、裁判と刑罰の関係について付言すると、有罪判決（裁判が行われること）と、刑罰を科す（刑を執行する）ことは、決して同義語（単なる言い換え）ではありません。両者は全く別物であり、それぞれ日本には実例が存在します。

有罪判決を出しても、刑罰の執行が行われない例として、現行法の「刑の免除（刑法二四四条一項）」などが挙げられます。有罪判決を出す前に刑罰を執行した実例としては、江戸時代の「無礼打《ぶれいうち》」「斬捨御免《きりすてごめん》」が挙げられます。拙稿「法学生の論理的説明能力を涵養するための試み」『神奈川大学法学部五〇周年記念論文

集』（神奈川大学、二〇一六年）七九三頁参照。

第二章　首尾一貫していない答案も、0点の答案になってしまう。

明らかな間違いの二つめのパターンは、論述問題の答案やレポートにのみ現れます。それは、**書いてあることに論理的体系的整合性がない**ことです。言い換えれば、**話が首尾一貫していない・矛盾している・飛躍している**、ということです。論理矛盾や論理の飛躍は、穴埋め問題や択一式の問題では生じる余地がありませんが、レポートや論述問題では頻繁に起こります。それも、勉強熱心なタイプの学生の答案に現れることが多いのです。理由は簡単で、勉強熱心なタイプの学生は「色々知っているため」たくさん書いてくる。ところが、体系的かつ論理的に整理し理解しきれていない学生が「知っていることを書き連ねる」と、一つ一つの文章はもっともらしいけれども、全体としてオカシナ記述になってしまうからです。法学には暗記すべきことも沢山ありますが、論理的かつ体系的に理解することも、暗記と同じくらい大切です。

そこで、以下では、私が学生に出題した問題をもとに説明しましょう。

1　「国家は法人か否か」――単語の理解とは、定義の暗唱ではない――

問題　日本国家は法人か否か、論理的に説明してください。

この問題の出題意図は、専門用語が理解できているか否かを問うことにあります。専門用語の理解とは、定義が暗唱できることではありません。私は、この問題を出すときに、事前に学生が「権利能力」の定義を暗唱できているかを確認してから出題してきました。にもかかわらず、正答率は限りなくゼロに近い……なぜ、正答率が低いのでしょうか。

誤った解答には、いろんなタイプのものがありましたが、ここでは、二つだけご紹介しましょう(4)。なお、解答の大前提として、**法学の試験で「論じなさい」とか「説明してください」という問題が出題されたときに、説明がたかだか三行で終わることはありません。**正解は長い、つまり面倒くさいことになるはずです。

答案A　国家には自衛権があるので、権利能力者である。従って、日本国家は法人である。
答案B　憲法の通説は、国家法人説を採用していないので、日本国家は法人ではない。

答案Aの間違いは、二つあります。一つは、権利の意味を誤解したことです。権利能力の対象となる権利とは、表現の自由・財産権といった、法令上の「人」であれば誰もが有する一般的な権利（基本的人権）のことです。自衛権とか立法権といった（行政庁などが有する憲法上特別に認められた特殊な）権利（権限）は対象となる権利ではありません。普通の人々には、自衛権や立法権なんて認められていませんが、権利能力者です。けれども、権利能力者の「権利」とは、どんな権利でも構わないと誤解している学生は、珍しくありません。ちなみに、「裁判所は司法権を有するから権利能力者だ」と回答してきた学生もいました。

二つめは、論理を飛躍させたことです。仮に国家が権利能力者であったとしても、一足飛びに「法人である」という結論に達することは間違いです。なぜならば、権利能力者には、自然人と法人の二種類があるからです。《国家は、権利能力者ではあるが自然人ではない》ことを説明したのちに、初めて「法人である」と断定できるのです。

答案Bの間違いは、学説が何の問題を取り上げているのか、学説の内容や文脈を無視して、学説の名称（専門用語）だけを暗記していたことにあります。（最高法規の）憲法学において「国家法人説」が否定されている以上、字面だけで判断すると、《国家は法人ではない》という結論が出てしまいます。けれども、国家法人説が語られている文脈で理解すると、国家法人説とは、主権のあり方を論じている学説です[5]。つまり、国家法人説は、国家の主権（統治権）を論じているのであって、所有権（財産権）などの基本的人権とは関係がありません。ちなみに、選挙権や生存権（生活保護を受ける権利）は、法人には認められていませんが、それでも《法人は権利能力者》です。

そもそも、みなさんは、法令上の「人」を民法で学ぶのはなぜだと思いますか。《国籍の問題は、憲法で学ぶ（憲法一〇条参照）。けれども、「権利能力」「自然人」「法人」は民法で学ぶ》。なぜでしょう。是非みなさんも、一度考えてみて下さい。

さて、本題に戻りましょう。「日本国家は法人か否か」についてですが、私が学生に提示している解答は、注を読んで下さい[6]。

（4）誤答例の詳細については、別稿で紹介しています。拙稿・前掲注（3）七八五頁。

（5）国家法人説とは、ドイツの法学者イエリネックが提唱した学説です。《主権・統治権は、君主でもなく、国民でもなく国家に帰属している》ことを唱えています。芦部信喜『憲法〔第六版〕』（岩波書店、二〇一五年）二一頁、四一頁。

（6）「国有地や国賠訴訟という言葉が存在することから明らかなように、日本国家は、所有権を持つことができるし、不法行為の損害賠償義務を負う。所有権を持つことができるし、不法行為の損害賠償義務を負うということは、権利能力の主体である。権利能力の主体であることは、権利能力者である。権利能力者は、自然人もしくは法人である。従って、日本国家は、自然人もしくは法人である。日本国家は自然人ではないので、日本国家は法人である」。

このような説明をするに至った事情については、拙稿・前掲注（３）七八四頁以下。

２「中絶を告白した有名人は、なぜ堕胎罪で処罰されないの」――思考の停止の条文解釈――

問題　赤ちゃんをおろすことは、法律で禁止され、犯罪とされています（刑法二一二条以下参照）。ところが、中絶は、法律で認められています（母体保護法一四条参照）。この二つの法律は矛盾していませんか？

これまで私が出題した学生は全員、刑法総論と各論を学んで、堕胎罪を学習した学生ばかりです。にもかかわらず、正答率は皆無でした。誤った解答は、以下の三つのタイプに大別されます。

答案Ａ　確かに矛盾している。けれど、仕方がないことだと思う。刑法と母体保護法は異なる法律なので、内容が矛盾していてもよいし、そんな例はいっぱいある。

答案Ｂ　医者が堕胎した場合には、犯罪にならない。けれども医者ではない人が堕胎した場合には、堕胎罪が成立する。なぜなら、刑法三五条は正当業務行為を免責しており、他方で、母体保護法一四条は医者が堕胎することを正当業務行為として認めているから。

答案C　生まれる前の赤ちゃんは人ではなく、鶏の卵と同じ「物」である。物の所有者である母親が同意している場合には、堕胎罪は成立しないけれど、母親が嫌がっているのに堕胎した場合には、堕胎罪が成立する。

答案Aについてですが、少なくとも法治国家においては、法律同士の矛盾は許されません。従って、現行法の間には、絶対に矛盾はありません。学生にとって矛盾しているようにみえる法律があったとしても、矛盾しているようにみえるだけで、矛盾しているわけではありません。従って、法治国家の法律に関する限り、どんな分野の問題であっても、答案Aが正解となることは絶対にありません。

答案Bについてですが、成績優秀な学生は、ほぼこのような答案を書いてきます。私は、学生に対して「貴方の解答は、筋が通っておらず誤りだ。例えば、貴方がナチスのように、国家が人を排斥・虐殺することをしてもよいと考える思想の持ち主で、答案に自分はそういう思想の持ち主だと明確に書いてくるならば、思想の自由が憲法で保障されている以上、答案を合格点とする」と説明します。

そもそも、答案Bは「胎児が人か、物か」という問題に一切答えていません。その点では、答案C

の方が「胎児は人ではない。物だ」と明確に答えている点で、答案Ｂよりも評価できます。仮に「胎児は物だ」と考えるならば、そう書くべきです。反対に、「胎児も人である」と考えるのであれば、「人が人の命を奪ってよいのか」という問題に答える（答案に書く）べきです。

少なくとも「法律が認めさえすれば、それだけで（無条件で）人の命を奪う行為が正当化される」というのは、典型的な悪しき法実証主義に他なりません。他方で、日本では、憲法上、思想信条の自由が保障されています。従って、「自分は国家は人の命を自由に奪っても良いと信じている。だから、法律（母体保護法一四条）が、医者が堕胎することを正当業務行為として認めても構わないし、現に認めている以上、医者が堕胎、すなわち人の命を奪っても、犯罪にはならない」などと書いてあれば、答案としては合格となります。なぜならば、右答案の論理は一貫しているからです。

反対に、「自分は、国家には人の命を自由に奪う権利などないと考える」と言うのであれば、刑法三五条を根拠として示しただけで満足しないで「そもそも、法律（母体保護法）が、人間である胎児の命を奪う行為を、医師の正当業務行為として認めてよいのか」という問題について答える必要があります。そして、そのような説明がない答案は、論理が一貫しておらず、自分が言いたいことだけを書いただけの答案であって、評価の対象外となります。

では、なぜ、胎児の命を奪う行為が正当化されるのでしょうか。究極的には、刑法三七条に規定される緊急避難に該当する行為だからです。母親の命を救うため・精神的苦痛などを避けるために仕方がなかったことだから、胎児の命を奪う行為が「中絶」として容認されるのです。

このような私の説明に対して、学生から「正当業務行為は刑法三五条を根拠として認められるものです。刑法三五条と三七条の重畳《ちょうじょう》適用ということであれば、それは学説として少数説ではないですか」との反論ないし疑問が返ってきました。

そこで、いったん、法律云々《うんぬん》ではなく常識に基づいて考えてみましょう。

例えば、俳優Ａが映画撮影のため台本通りに演技として俳優Ｂを殴ったとしましょう。Ｂがケガをしても、Ｂが重傷を負うなどの特別な事情がない限り、Ｂを殴ったということで、Ａが傷害罪に問われることはないでしょう。しかしながら、台本に「ＡはＢを殺す」と書いてあり、Ｂが「映画に出れるのであれば、死んでも構わない」と同意していた場合に、ＡがＢを本当に殺してしまっても、犯罪とはならないとすべきでしょうか。Ｂの同意がある、正当な仕事である（麻薬売買などと違って映画撮影は違法な仕事ではない）、実話が原作だから殺人の場面はストーリー上必要不可欠であるetc. このような事由がありさえすれば、映画撮影のために人の命を奪う行為は、容認されるべきものなのでしょうか。

結局、刑法三五条によって人の命を奪う行為が業務上の「正当行為」として容認されるか否かは、「犯罪の構成要件に該当する行為が、業務上、**本当に必要な行為だったか**」否かに関わってきます。同時に、それは、限りなく「やむをえずにした行為」に近づいていきます。下記に示した母体保護法一四条一項を読んでください。ざっくり言って、母体保護法が「母体の健康を著しく害するおそれ」があることを要件（条件）として中絶を容認していることが分かります。(7)

（医師の認定による人工妊娠中絶）
母体保護法一四条
都道府県の区域を単位として設立された公益社団法人たる医師会の指定する医師（以下「指定医師」という。）は、次の各号の一に該当する者に対して、本人及び配偶者の同意を得て、人工妊娠中絶を行うことができる。
一　妊娠の継続又は分娩が身体的又は経済的理由により母体の健康を著しく害するおそれのあるもの
二　暴行若しくは脅迫によつて又は抵抗若しくは拒絶することができない間に姦淫されて妊娠したもの

最後に、答案Ｃについてですが、考え方（立法論）としては首尾一貫しており、評価できます。しかしながら、刑法二一三条「女子の嘱託を受け、又はその承諾を得て堕胎させた者は、二年以下の懲役に処する。……（略）……」は、母親が堕胎に同意していた場合の規定です。従って、答案Ｃの「母親が同意している場合には、堕胎罪は成立しない」は、現行法の解釈としては間違った答案となります。(8)

(7)　厳密には、二号の要件は強制性交です。二号の要件は、倫理上の問題と考えられていますので、刑法三七条の「自己の身体・自由に対する危難」を避けるためとも考えることができます。前田雅英『刑法各論講義〔第六版〕』（東京大学出版会、二〇一五年）五六頁、山口厚『刑法各論〔第二版〕』（有斐閣、二〇一〇年）一八頁参照。しかしながら、強姦された女性が妊娠を苦にして精神を病んだり、自殺を図ったりする可能性等を考慮すれば、母体保護法一四条一項二号の場合も、広い意味で「母体の（精神的）健康を著しく害するおそれ」がある場合にも該当するのではないでしょうか。

　なお、母体保護法一四条は、中絶を行う要件として、「母親の同意」なども定めています。

(8)　「子どもを産むかどうかの選択の自由は、『リプロダクションの権利』といって、個人の自己決定権として憲法上も保護される」べきだと論じられることがあります。このような学説も、刑法三七条が認める範囲を凌駕している訳ではありません。堕胎罪によるリプロダクションの権利の制限については、加藤正明「堕胎罪の保護法益について」『神奈川大学法学部五〇周年記念論文集』（神奈川大学、二〇一六年）四九六頁以下など参照。

3「法廷では嘘をついてもいいの」――体系的理解（現行法全体から考える）の欠如――

設例　XがYに五万円のお金を貸したところ、Yはお金を返さなかった。そこで、XはYを横浜簡易裁判所に訴えた。これに対し、Yは、「Xがお金をくれたのであって、自分は借りていない」と主張した。証人Aが呼ばれ、Aは宣誓をしたうえで「自分はその場にいた。Xは、『それ位のお金やるよ。その代わり、君が有名になったら、Xは良い友人だってTVで言ってくれよ』と言った」と証言した。Yに対する当事者尋問も行われ、宣誓したYは、Aと同趣旨の証言をした。Xは敗訴し、控訴した。控訴審において、証人Bが呼ばれ、宣誓したBは、「酔っぱらったAが、『Xに恨みがあったから、裁判では嘘をついてやった』としゃべっていた」と証言した。控訴審でも証人Aが呼ばれ、Aは嘘をついたことを認めた。続いて、Yも嘘を言ったことを認めた。

問題　法廷で嘘をついたYやAには、どんなペナルティが課されているでしょうか。次の二つの選択肢のうち、内容的に正しい選択肢を答えて下さい。

(1)　YとAは、刑法一六九条の偽証の罪を犯しているので、どちらも懲役十年の刑になるかもしれない。

(2)　Aは、刑法一六九条の偽証の罪を犯しているので、懲役十年の刑になるかもしれないけれど、Ｙは偽証の罪を犯していないので、刑務所に行かなくていい。自由を謳歌《おうか》できる。

正解は、⑵です。刑法一六九条を読んでみましょう。

刑法一六九条
法律により宣誓した証人が虚偽の陳述をしたときは、三月以上十年以下の懲役に処する。

刑法一六九条の条文には、「宣誓した証人」と書かれています。従って、証人であるＡは、刑法一六九条の偽証罪を犯したことになりますが、Ｙは宣誓していても証人ではありませんから、刑法一六九条の偽証の罪を犯したことにはなりません。刑法二〇章の「偽証の罪」の条文（一六九条〜一七一条）を見ても、法廷で嘘をついた当事者を処罰する規定はありません。従って、私が挑発的に書いた「自由を謳歌《おうか》できる」は、正しいことになります。

このような帰結に、反射的に嫌悪感を抱く学生は少なくありませんが、「嘘をついたＹに対する報い（ペナルティ）は全くない」というわけではありません。民事訴訟法二〇九条を見て下さい。

民事訴訟法二〇九条一項
宣誓した当事者が虚偽の陳述をしたときは、裁判所は、決定で、十万円以下の過料に処する。

ですから、場合によっては、十万円を払わなければならないという不利益（ペナルティ）がＹにはあります。その他にも、法廷で嘘を言うことは民法上の不法行為に該当しますから、嘘を言ったＹとＡは、どちらも、Ｘに対して、不法行為に基づく損害賠償金を払わなければならなくなります（民法七〇九条参照）。

しかしながら、刑事罰という観点からすれば、「法廷で嘘をつく」という同じことをしたのに、証人ならば十年刑務所暮らしの可能性があり、当事者ならば刑務所に行かなくていいことは事実です。法律は、なぜこのようなエコヒイキ（偏頗《へんぱ》行為）とも言える扱いをしているのでしょうか。

Ｙが嘘をついたために、要らぬ苦労を重ねたＸにしてみれば、Ｙが刑務所に行かずに済むのは納得しがたいでしょう。しかし、裁判に直接《ちょくせつ》に関わる人の認識として、《裁判所に訴えてきた人や訴えられてきた人は、往々にして嘘をつくものだ》という達観《たっかん》があります。みなさんが裁判官だったとしたら、どうでしょう。Ｙが嘘を言ったことが分かった時点で、「Ｙが嘘を言うなんて。Ｙに騙された」

と心の底から驚きますか。「あぁ、そうか」と思うのが普通ではないでしょうか。**その意味で**、Yが嘘を言っても、その嘘が裁判に与える影響は大きいとは言えません。

《わが身可愛さは自然の摂理《せつり》です》。裁判官は、XやYが嘘を言うかもしれないと考えていますし、考えているからこそ、XやYの話を聞くだけでなく、XやYの言い分が食い違っている場合には、XやYが持ってきた証拠を調べて判断するのです。裁判官は、嘘を言わないことを一般に期待しうる第三者を証人として（法廷に呼んで）話を聞きます。ですから、証人が嘘を言ってしまうと、その嘘が裁判に与える影響は非常に大きい。だからこそ、国家は嘘をついた証人を偽証罪で処罰するのです。

　このような説明に対して、「XやYの嘘が裁判に与える影響は大きいはずだ」との反論が学生からありました。しかしながら、極論になりますが、「裁判に与える影響が大きい」ことが真実か否かは、さしあたり問題ではありません。国家（現行法）が「当事者」すなわち訴えている人と訴えられている人を、刑事罰の対象外としている以上、そのことは、現行法（偽証罪の規定）の解釈において踏まえなければなりません。要するに、「当事者の嘘が裁判に与える影響は大きい」という考えは、偽証罪の規定を改正する理由（立法論の根拠）とはなりますが、現行法の偽証罪の規定を文言から離れて解釈することを正当化する根拠にはなりえないのです。

以上は、民事訴訟（の当事者）の話ですが、刑事訴訟の場合は、どうなるのでしょうか。刑事訴訟では、検察官が犯罪を行ったと考える人を訴えます。この場合、検察官が法廷で嘘をついたとしても、証人ではないため、偽証の罪に問われることはありません。一見、検察官は嘘つき放題のように見えますが、偽証の罪に問われないというだけであって、法廷で嘘をついた検察官は、クビになったり弁護士資格を失ったりします（検察庁法二三条、弁護士法七条三号）。このことは、裁判官も同じです（憲法七八条、裁判所法四九条）。

このように、《法廷で嘘をついた人をどうするのか》という問題について、現行法は、刑法だけで対応していません。民法・刑法・検察庁法・裁判所法・民事訴訟法など様々な法律の合わせ技で対応しているのです。

このような私の説明に対して、学生から抗議を受けました。

「証人Aに嘘をつかせても、Yが刑罰を受けないのは、納得できません」。

この学生の抗議は、誤解に基づいています。注意を要するのは、上記設例は、あくまで証人が自発的に嘘を言った場合です。仮に、Yが証人Aに法廷で嘘をつくよう頼んだり、命じたりした場合には、

Ｙは偽証罪の共犯に問われたり、脅迫罪・強要罪に問われたりすることになります（刑法六〇条～六二条、二二二条、二二三条）。刑法を適用するということは、「第一編総則（一条～七二条）」も含めて、刑法全部が適用される」ということです。

ここで《法廷で嘘をつく》という問題についての国家の考えを私なりにまとめると、《証人は嘘をついてはいけないし、当事者も証人に嘘をつくよう頼んだり命じたりしてはいけないが、当事者自身が嘘をつくのはしょうがない、と国家は考えている（諦めている）》と言えるでしょう。

ここでは、法廷で嘘をついた人という問題を取り上げましたが、同じことが法律全般に言えます。つまり、国家（法）は、嘘をつくなど良くない行為をした人を野放しにしようなどと考えていません。何らかのペナルティは必要だと思っています。それと同時に《悪いことをした人全員に刑事罰を与える（刑法を適用する）ことは合理的ではない》とも判断しています。だからこそ、刑法だけでなく、あの手・この手で複数の法律を用いて、対応しているのです。

一つの条文を読んだだけで満足しないで、法制度全体から考える！　法学を勉強し始めたばかりのみなさんは、このことを肝に銘じて条文を読んで下さい。

4「自販機で缶珈琲を買った場合、売買契約が成立するのはいつ？」——自己の解答の矛盾——

司法試験考査委員を務めたことのある民法のＡ先生は、学生に対して「自販機で缶珈琲を買うことを法的に説明できるようになれば、民法を一通り理解したと言えるよ」と仰っていました。その話に触発されて、私が学生に出したのは、次の問題です。大分県と熊本県の県境にまたがるホテルとして有名な、「杖立観光ホテルひぜんや」をモデルにしました。

問題　Ａは、Ｂが「ホテル甲」に設置していた自販機で缶コーヒーを買おうとしました。以下に掲載した三つの参考資料は、1Ａの行動等を時系列で示したもの、2自販機の設置場所&状況を示したもの、3裁判所のリストです。参考資料を読んだうえで、以下の問いに答えてください。

(1)　缶コーヒーが買えた場合、売買契約が成立したのは、参考資料1の①〜⑨のいつの時点ですか。

(2)　(1)の解答を前提にすると、缶コーヒーが買えなかった場合、売買契約は成立していますか、いませんか。

(3)　缶コーヒーが買えなかった場合に、ＡがＢに「一五〇円の支払（返金）を求める」ことは、次のうちのどれに該当しますか。
・売買契約の履行に代わる代物弁済の請求
・売買契約の債務不履行に対する損害賠償請求
・売買契約を解除したことによる原状回復請求
・売買契約不成立に伴う予約金（申込金）の返還請求
・売買契約不成立に伴う不当利得返還請求
・詐欺などの不法行為に基づく損害賠償請求
・その他（　　）

(4)　(3)で解答した請求権の消滅時効が進行するのは、二〇一七年のいつからですか。
四月一日　四月二日　四月三日
五月三日　五月四日　その他（　　）

(5)　(3)で回答した請求権に基づいて裁判所に訴える場合、参考資料[3]に書いてある裁判所のうち、どこの裁判所に訴えることができますか。考えられるすべての裁判所を解答してください。

参考資料1　【Aの行動などの時系列表】

① 二〇一七年四月一日、Bがホテルに自動販売機を設置する。
② 同年四月二日、Bが自動販売機にお茶、コーラなどの商品を詰める。
③ 同年四月三日、Bが自動販売機の電源を入れる。
④ 自動販売機にランプがつく。
⑤ 同年五月三日午後一一時五八分、Aが一五〇円を投入する。
⑥ 自動販売機の全ての商品ボタンのランプがつく。
⑦ 午後一一時五九分、Aが缶コーヒーのボタンを押す。

（ア）缶コーヒーが買えた場合
⑧ 一二時、缶コーヒーが出てきた。
⑨ 一二時一分、Aが缶コーヒーを取り出す。

（イ）缶コーヒーが買えなかった場合
⑧ 一二時、商品が出てこない。
⑨ 一二時一分、Aが返却レバーを押す。
⑩ 一二時二分、一五〇円が戻る。

参考資料2　【自販機の設置場所＆設置状況】

〔ホテルの所在地〕
モデルとした「杖立観光ホテルひぜんや」の住所は、
熊本県阿蘇郡小国町

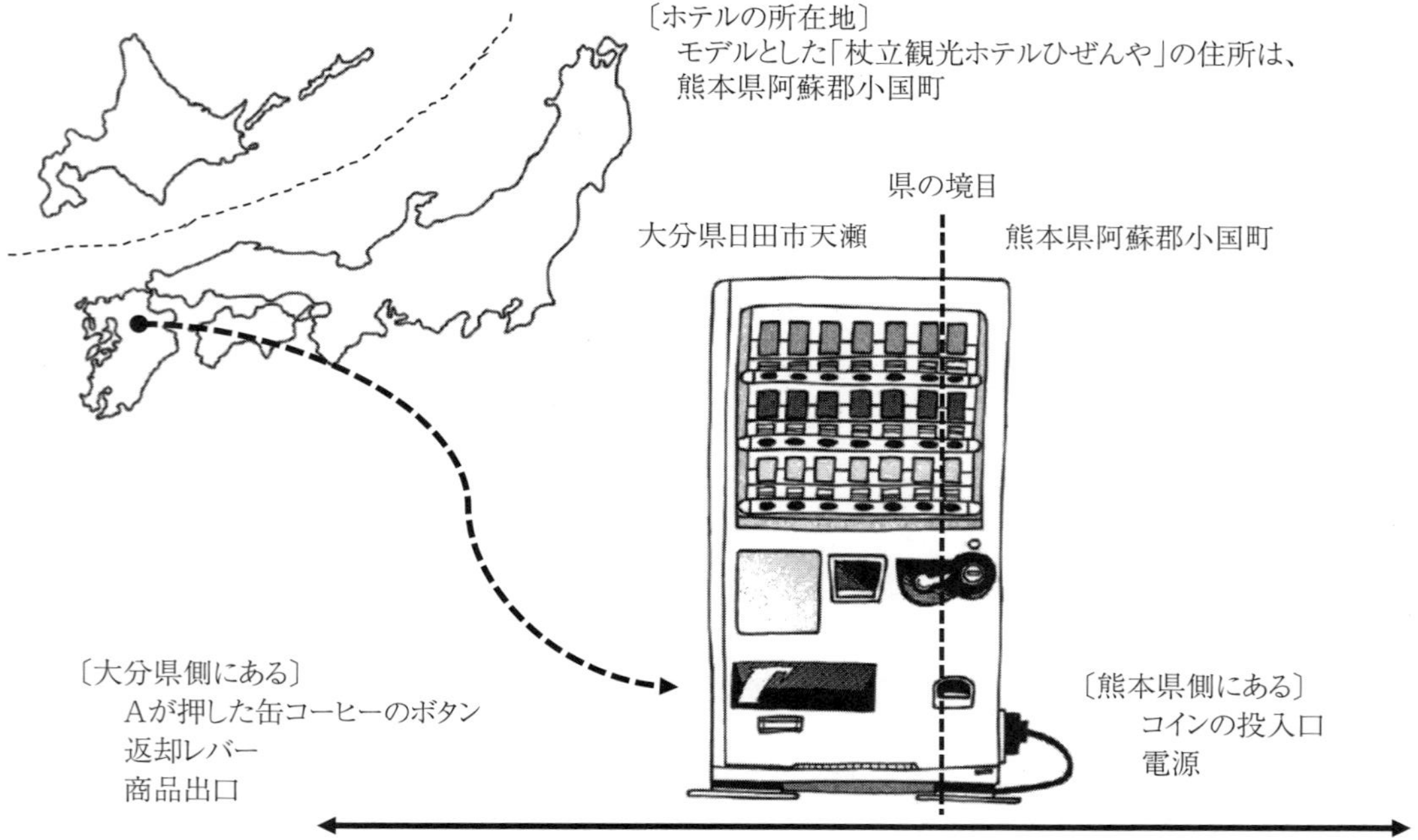

参考資料③　【訴えることのできる裁判所のリスト】

請求する理由	担当する裁判所（管轄地）	根拠法
何でもＯＫ	被告の住所があるところ	民事訴訟法４条１項
財産権に関わる請求をする	義務を履行すべきところ	民事訴訟法５条１号
不法行為に関わる請求をする	不法行為が行われたところ	民事訴訟法５条９号

（注）　弁済の場所についての規定は、民法484条参照。
意思表示には、黙示の意思表示や慣習への同意も含まれる。

	住所	担当する裁判所（管轄裁判所）
Ａの住所	神奈川県横浜市神奈川区六角橋	神奈川簡易裁判所
Ｂ（本社）の住所	東京都渋谷区渋谷	東京簡易裁判所
自販機所在地（大分側）	大分県日田市天瀬町	日田簡易裁判所
自販機所在地（熊本側）	熊本県阿蘇郡小国町	阿蘇簡易裁判所

（注）　150円の請求は、簡易裁判所が担当します。裁判所法33条１項１号。
裁判所の管轄区域については、裁判所の公式 HP を参照。
http : //www.courts.go.jp/saiban/kankatu/index.html

この問題は、売買契約が成立しているか否かという点について、どう答えても構いません。どちらも正解となりえます。正解（評価のポイント）は、缶コーヒーが買えた場合と缶コーヒーが買えなかった場合の両方に、矛盾なく首尾一貫した説明ができているか否かにあります。さらに問題を複雑にして出題すると、「申し込みの誘因は、いつの時点ですか」、「申し込みは、いつの時点ですか」、「缶コーヒーが買えなかったけれども、返却レバーを押したら、一五〇円が戻ってきた。この場合、当該一五〇円の法的性質は何か。損害賠償金なのか、原状回復なのか。それとも、別なものか」となります。

今まで、この問題を初見（一回）で解答できた学生はいません。何人もの学生が、心がボッキリ折れて、「面倒くさ〜。どうだっていいじゃん」と投げ出してきました。けだし、「民法を一通り理解したと言えるよ」という道は、簡単ではないということですね。

ちなみに、私は、あえて次のような解答を学生に示します。

「自動販売機は、機械なので、申し込みに対する承諾の意思表示ができない。従って、売買契約が成立する余地はない。AB間に存在するのは、単なる不当利得の問題である。それゆえ、Aが缶コーヒーを飲み干してしまった場合であっても、Bが請求すれば、AはBに缶コーヒーを返還すべき義務がある。反対に、BはAに一五〇円を返還する義務もある。AとBが互いに持っている債権・債務は、経済的に等価であって、事実上、相殺関係にある。訴えることができる裁判所は、民法四八四条、民事訴訟法五条一号及び民事訴訟法四条①項により、Ａが訴えた場合は東京簡易裁判所、Ｂが訴えた場合は神奈川簡易裁判所となる(9)」。

(9)　通常の解答としては、例えば、以下のようなものが考えられます。

㈠　④が申込であり、⑦が承諾である。従って、売買契約は⑦の時点で成立している。（イ）⑧が履行遅滞である。商品が出てこない場合、通常、買主はもう一度ボタンを押します。これが履行の催促である（民法五四一条）。民法五四一条の「相当の期間」は、自販機の場合、短い時間と考えられるため、もう一度商品ボタンを押したにも関わらず、商品が出てこなかったことで、「期間内に履行がない」ことになる。従って、この時点で解除権が発生する。⑨が解除権の行使であり、⑩が原状回復である。なお、民法五四五条二項が定める利息は、一五〇円×法定利息五％（民法四〇四条、平成三二年四月一日から施行される改正民法四〇四条二項では、三％）を日割り計算した結果、一円未満の金額となる。そのため、利息込で一五〇円返還された⑩の時点で債権債務関係はなくなることになる。

㈡　④が申込の誘因であり、⑦が申込である。従って（ア）⑧は承諾であり、ここで契約は成立したことになる。しかし、（イ）⑧では、承諾がなされておらず、契約は成立していない。従って、⑤でＡが投入した一五〇円は、民法五五七条が定める手付ではない。⑩の時点で返金（不当利得の返還）がなされたため、⑩の時点でいかなる債権債務関係も存在しないことになる。

第二編　明らかな誤りをしないために

第一章　議論こそが一番の力になる
――カラオケ風会話ではなく議論をしよう――

「分からないのではなく、間違えている」。このような場合、学生が自分で自分の誤りに気づくことはほぼありえません。学生のみならず教員であっても、自分の誤りは、他人から指摘されて初めて分かることがほとんどです。では、教員が間違いを指摘すれば、学生は二度と間違えないようになるものなのでしょうか。

答えは、否。友人もしくは後輩からの指摘が、学生には一番応えます。少なくとも、私の経験ではそうです。先輩や教員が間違いを指摘しても、「間違えちゃった。先輩（先生）、すご～い」で終わり。自分が間違えたことに対する危機感や焦りが生まれません。でも、友人ましてや後輩から間違いを指摘されると、「マジ、やばい」。

ですから、みなさんは、友達（先輩・後輩）とドンドン議論しましょう。ひとつだけ気になるのは、何だかカラオケみたいな会話をする学生が少なくないことです。お互いに言いたいことだけ言ってオシマイ。順番にマイクを握るカラオケと変わりがありません。これは、《もはや、議論ではない》。単なる意見表明です。カラオケ風会話ではなく、議論をしましょう。互いに間違いに気づいたら、指摘しあいましょう。それが一番の力になります。

第二章　私が文理解釈だけを教える理由
―多様な解釈は情熱から生まれるけれども、文理解釈だけは学習が必要である―

上述した「議論」は、残念ながら一人ではできません。それどころか、そもそも法律の条文を正確に読まずに記憶だけを頼りに議論をすると、記憶や理解が誤っている場合、議論の相手方から「そんなことは法律には書いていない。解釈云々以前の問題だ」と一蹴されてしまいます。結果、条文を読まない・条文が正確に読めない（文理解釈を身につけていない）人は、議論の場で相手にされない・議論に参加できない状態に陥ってしまいます。議論に参加できないと、《自分の見解が首尾一貫していない（自己矛盾がある）》ことを指摘してくれる人が現れません。明らかな誤りをしないようになる大前提には、議論の場で相手にされるようになることが必要なのです。結論として、《**明らかな誤りをしないようになるためには、文理解釈ができるようになる必要がある**》ということです。

文理解釈ができるようになるには学習が必要です。放っておいたら、いつまでたってもできるようにはなりません。私は「学生には文字通りに読むこと・文理解釈だけを教えよう。それ以外の解釈は教えないほうが良い」と考え、実行しています。

このような私の考えや行動に疑問を抱く先生もいらっしゃいます。「学生に『解釈するな』と言うのですか」と。

けれども、私の個人的経験では、文理解釈の帰結に納得できない学生は、ほっておいても、自分から「でも、この規定は、こう読めませんか」と言い出します。教員が解釈技法なんぞ教えなくても、「納得できない」という内なる情熱に突き動かされて、**学生がみずからの力で文理解釈以外の解釈をひねり出してくる**。それは決して珍しい現象ではありません。反対に、文理解釈ができない学生が、みずからの力で文理解釈ができるようになることはありません。少なくとも、私のこれまでの教員経験では、そんな実例に遭遇《そうぐう》したことは、ただの一度もありません。

「**学ぶ意欲がある学生は、文理解釈を身につければ、**（**教員が放っておいても**）**自ら、先輩・後輩・友人と共に学んでいく**」。それが、これまでの教員経験から得た私の結論です。

第三章　文理解釈を身につけるための具体的な自習方法――比べて読もう！

第一節　法分野が変わっても、同じ単語は同じ意味である――刑法、民法はテンでバラバラに作られているわけではない

文理解釈を身につけるための具体的な自習方法（一人でもできる学習）として、私は、**複数の条文（可能であれば異なる法律の条文）を比較しながら文字通りに読むこと**をお勧めします。その理由は、グダグダ説明するよりも、以下の問題を解いてみれば分かると思います。それでは、問題です。

問題　民法七一一条を読んで「他人の生命を侵害した者」の意味を説明して下さい。

（近親者に対する損害の賠償）
民法七一一条
　他人の生命を侵害した者は、被害者の父母、配偶者及び子に対しては、その財産権が侵害されなかった場合においても、損害の賠償をしなければならない

　この問題を出すと、「他人の生命を侵害した者とは、人を殺した人」という誤った解答が続出します。けれども、次の問題を出した場合には、学生の正解率はほぼ一〇〇％に跳ね上がります。

問題　刑法一九九条と刑法二〇五条と民法七一一条を比べて読んだうえで、「他人の生命を侵害した者」の意味を説明して下さい。

（殺人）
刑法一九九条
　人を殺した者は、死刑又は無期若しくは五年以上の懲役に処する。

（傷害致死）
刑法二〇五条
　身体を傷害し、よって人を死亡させた者は、三年以上の有期懲役に処する。
（近親者に対する損害の賠償）
民法七一一条
　他人の生命を侵害した者は、被害者の父母、配偶者及び子に対しては、その財産権が侵害されなかった場合においても、損害の賠償をしなければならない

　刑法一九九条の「人を殺した者」とは、例えば「わざと人を死なせた人」のことであり、刑法二〇五条の「人を死亡させた者」とは、例えば「わざとじゃないけど人を死なせてしまった人」のことです。[10] 刑法一九九条と二〇五条を同時に読むと、多くの学生が両者をきちんと区別します。そのうえで、民法七一一条の「他人の生命を侵害した者」とは何かを問うと、学生はほぼ一〇〇％「わざと人を死なせたかどうかはともかく人を死なせてしまった人、すべてのことだ」と答えます。

　学生からすると、民法や刑法など個々の法律は、互いにテンデバラバラに作られているように見え

るからもしれません。けれども、そんなことは決してありません。**現行法は一つの体系（まとまり）のもと、矛盾のないように作られています。その結果、憲法で学習しようが、民法で学習しようが、《ある単語・表現は、明文規定によれば△△△のことだ》と学習したならば、他の分野でも同じく《ある単語・表現は、△△△のことだ》と考えるべき**なのです。

「刑法という科目」で明文規定で「殺人＝わざと人を殺した人等」と学習したならば、「日本法全体」で「殺人＝わざと人を殺した人等（間違えて人を死なせた人は含まない）」と考えるべきだし、日本の現行法はそう考えています。

第一部で述べた「多義語」は、あくまで「一つの単語がいろいろな意味で使われることがある」という話です。事実、同じ憲法なら憲法の中で、民法なら民法の中で、同じ単語を複数の意味に使っている実例が存在します。**法（明文規定）の原則は、あくまでも「同じ単語であれば、法律が同じであろうが異なっていようが、同じ意味に使う」**です。ですから、同じ単語を違う意味で使う場合には、条文で明確に書き分けているのが普通です。従って、民法なら民法の条文に「人を殺すという表現は、刑法と異なり、民法では人を死なせてしまった人も含む」ということが明記されていない限り、「民法でも刑法と同じ言葉使いをする」と考えるべきです。(11)

反対に違う単語・表現は、どんなに似ていても、何かが違います。「人を殺した者」と、「他人の生命を侵害した者」。この二つは違う表現ですから、絶対に意味が違うのです。学生のみなさんは、「似たような意味で区別がつかない」と戸惑うより先に、反射的に「何かが絶対に違う」。心の中で、必ずそう思い浮かべて下さい。

教科書を読んでも単語の違いが分からないときは、同じ民法の中で違う条文と比べてもいいし、民法と刑法の条文を比べてもいい。とにかく、いろいろな条文を読み比べると、個々の単語・表現の相違点がハッキリ分かるようになります。だからこそ、条文を読まないなんてモッタイナイ。条文を比べて読もう！

(10)　「殺人」は、「わざと人を殺した」場合だけとは限りません。犯罪の故意については、学説が対立しています。故意の種類については、前田雅英『刑法総論講義〔第六版〕』（東京大学出版会、二〇一五年）一五八頁参照、未必の故意については、山口厚『刑法総論〔第三版〕』（有斐閣、二〇一六年）二一三頁参照。
なお、多義語の場合は、明文規定で多義語であることが示されていることが少なくありません。例えば、「国務大臣」。総理大臣を「国務大臣」に含める場合と、含めない場合があることが、憲法六六条一項、六八条一項によって、ちゃんと書き分けられています。本書一〇七頁参照。

(11)　例えば、「出生」の時期に対する考えは、民法（全部露出説）と刑法（一部露出説）では違いますが、あくまでそれは解釈論です。現行法には、出生の時期についての明文規定は存在しません。

第二節　誰でも知っている単語という落とし穴

法律の条文を読む時に、案外、手ごわいのは、法律と無関係にみえる「小学生でも知っている単語」です。このような単語は、憲法・民法・刑法などの専門科目の教科書には、ほぼ説明がありません。ここでは、「接続詞」「副詞」の一部について、説明しましょう。

1　試験には出ないのに、働き始めた公務員がぶち当たる壁「接続詞」

問題　スコーンがそれぞれ、ⓐの皿には二個、ⓑの皿には三個、あります。ⓐの皿には、チョコとクルミの両方が入ったスコーンが一個ありますが、ⓑの皿にはありません。代わりに、チョコだけが入ったスコーンが二個、クルミだけが入ったスコーンが二個、あります。ⓐの皿の説明として正しいものは、次の二つの選択肢①②のどちらでしょうか。

①　かぼちゃ並びにチョコ及びクルミ

② かぼちゃ、チョコ及びクルミ

正解は、①です。「並びに」「及び」は、どちらも並列の接続詞（英語で言えばand）ですが、階層の有無によって使い分けられています。「階層」という単語にビビる学生もいますが、要は同じグループなのかということです。皿ⓐのスコーンには一つのスコーンにチョコとクルミが一緒に入っていますが、皿ⓑのスコーンは、それぞれクルミだけが入ったスコーンと、チョコだけが入ったスコーンです。ⓑの皿のスコーンのように、対等なものが並んでいる場合、②の「○○、○○及び」のように、「、」でつなげ、最後に接続詞「及び」を置きます。

皿ⓐ

皿ⓑ

使われ方	同格（同列）のものを結ぶ	階層に分かれているものを結ぶ				
		２階層に分かれている		３階層以上に分かれている		
		１階層を結ぶ	２階層を結ぶ	１階層を結ぶ	中間を結ぶ	一番下の層を結ぶ
接続詞	及び	並びに	及び	並びに	並びに	及び
例	憲法７条１号	憲法72条		旧刑法229条		

使われ方	同格（同列）のものを結ぶ	階層に分かれているものを選ぶ				
		２階層に分かれている		３階層以上に分かれている		
		１階層を結ぶ	２階層を結ぶ	１階層を結ぶ	２階層を結ぶ	以後の層を結ぶ
接続詞	又は	又は	若しくは	又は	若しくは	若しくは
例	憲法17条	憲法31条		地方自治法152条２項		

「だから、何なの？」と首をかしげる学生もたくさんいますが、働き始めた県庁などの職員（いわゆる地方公務員）がぶち当たる壁は、まさにこのような接続詞です。なぜならば、県庁などは条例を作る組織体であり、実際に条例の（内容ではなく）文言を考える（起草する）のは、県議会議員などではなく、職員の場合もあるからです。

接続詞の問題は、公務員試験には出題されることはありません。けれども、地方公務員が条例を担当する部署に配置されると、接続詞を始めとする「法律の専門用語ではない単語」に苦しむことは少なくありません。

法律に関しては、①内閣法制局、②衆議院法制局、③参議院法制局という三つの専門機関があるため、法律を作ろうとする人は、自らが適切な表現を思いつかなくても、（極論ですが）法制局に丸投げすれば事足ります。(12) しかし、地方公共団体には、そのような丸投げできる専門機関はありません。同じことは、民間企業にも言えます。なぜならば、民間企業も、就業規則など一定の明文規定（ルール）を作ることがあるからです。(13)

「及び」「並びに」「又は」「もしくは」の使い分けをまとめると、以下の表になります。

それでは、問題です。旧刑法二二九条を読んで答えてください。

（親告罪）
旧刑法二二九条
第二百二十四条の罪、第二百二十五条の罪及びこれらの罪を幇助する目的で犯した第二百二十七条第一項の罪並びに同条第三項の罪並びにこれらの罪の未遂罪は、営利又は生命若しくは身体に対する加害の目的による場合を除き、告訴がなければ公訴を提起することができない。ただし、略取され、誘拐され、又は売買された者が犯人と婚姻をしたときは、婚姻の無効又は取消しの裁判が確定した後でなければ、告訴の効力がない。

問題　旧刑法二二九条の「これらの罪の未遂罪」とは、具体的に何を指しますか。下記の選択肢の中から選んでください。

①　二二四条の未遂罪と二二五条の未遂罪と二二七条一項の未遂罪と二二七条三項の未遂罪の、合計四つの未遂罪

②　二二七条一項の未遂罪と二二七条三項の未遂罪の、合計二つの未遂罪

③　二二七条三項の未遂罪だけ

正解は、注を読んでください。(14) 「及び」「並びに」「又は」「もしくは」の使い分けについては、巻末に別途参考資料を二つ掲載しましたので、併せて参考にしてください。

(12)　実際には、法制局の仕事は山積みのため、法律を作ろうとする人全員が法制局に丸投げすれば、法制局はパンクしてしまいます。というか、「現時点ですでにパンクしている」かもしれません。

(13)　こういうと、「顧問弁護士に頼めばいいじゃん」と答える学生がいますが、あま～い。「いちいち顧問弁護士に依頼していたら、相談料が幾らになると思う？　何のために法学部を出たお前を雇ったと思っているんだ」と上司に叱られた人がいます（実話）。

(14)　正解は、①です。

現在、刑法二二九条は改正されています。そして、現行法には（私が調べた限りでは、）階層が三つ以上に分かれている規定は見当たりません。法令の平易化に伴い、複雑な書き方の条文はなくなりつつあります。しかしながら、旧法も裁判では使いますし（本書三二頁参照）、判例研究等の予備知識としても「及び」「並びに」「又は」「もしくは」の使い方を習得（マスター）しておきましょう。

2　うっかり間違え三〇〇〇万円の大損害。「行列」弁護士だって痛い目にあった「数値の副詞」

二〇〇九年、「行列のできる法律相談所」に出演者していたA弁護士が、顧問税理士を訴えて敗訴した芸能ニュースが流れました。事件の背景にあったのは、節税です。A弁護士は、（税金がゼロになるよう節税を目的として）税理士に相談したにもかかわらず、約三〇〇〇万円の課税を受けてしまったことに納得できなかったのです。

課税の分岐点となったのは、出資金です。**たった一円違い**で、三〇〇〇万円もの税金を払わなくてはいけなくなってしまった……。

消費税法一二条の二一項「出資の金額が千万円以上である法人」により、法人の出資金が一〇〇〇万円以上だと課税されるけれども、一〇〇〇万円未満、例えば、九九九万九九九九円だと（期限付き）非課税。A弁護士は、出資金一〇〇〇万円の法人を設立してしまったために、約三〇〇〇万円課税されてしまったのです。

文言	用いられた箇所	根拠法条
「千万円以上」	１か所	消費税法12条の２条１項
「　〃　以下」	17か所	消費税法９条１項など
「　〃　を超え」	20か所	消費税法９条４項など
(きっかり)「千万円」	１か所	消費税法附則１条８号ニ

(注)　その他に、「三千万以下」、「五千万円以下」、「五千万円を超え」、(きっかり)「四千五百万円」等々の規定があります。

消費税法には、「千万円以上」、「千万円以下」、などといった文言が混在しています。消費税法の文言を「千万円」という括りでまとめると、上の表になります。

ネット上ではA弁護士を茶化す意見もありますが、法学教育に携わる私は笑えない……。《遣《や》り手の有名弁護士でさえ、うっかり間違えるいわんや……》。それでは、数値についての問題です。すべて、憲法や民法の条文に用いられている単語・表現ばかりです。(15)

(15)　「過半数」は、憲法五六条二項、六八条一項、民法二五二条など。
「～に達した」は、憲法七九条五項、八〇条一項など。
「～に達する」は、民法五八二条、八一七条の五など。
「以下」は、民法二七八条一項など。
「以上」は、憲法五三条、五五条、民法二〇条一項など。
「未満」は、民法二三五条一項、七九一条三項など。
「超えない」は、民法二五六条一項、五八一条二項など。
「超える」は、民法二三七条二項、二五六条二項など。

問題一　「過半数」「達する」という表現についてです。一〇〇人の出席者のうち五〇人が賛成しています。
(1)　この場合、賛成は、出席者の過半数ですか？
(2)　この場合、賛成は、五〇人に達していますか？
問題二　「以下」「以上」「未満」「超えない」「超える」という表現についてです。次の金額を、「以下、以上、未満、超えない、超える」を使える限り使って表現して下さい。
(1)　〇円～九九九円
(2)　一〇〇〇円～一〇〇〇〇円
(3)　一〇〇〇一円～

正解は、注を読んで下さい(16)。

（16）問題一(1)過半数ではない。(2)達している。
問題二(1)一円以上九九九円以下。千円未満。九九九円を超えない金額。
(2)千円以上一万円以下。一万一円未満。
九九九円を超えて一万円を超えない金額。
(3)一万一円以上。一万円を超える金額。

第三節　長い条文は、怖くない。「じゃない方」がある。
――条文を短くして読んでみよう――

学部学生が学ぶレベルでは、長い条文は怖くありません。なぜならば、長い条文は「じゃない方がある」と理解すれば、さしあたり大丈夫だからです。長い条文は、読もうとするだけでも法律の力が確実に身につきます。ですから、長い条文を読まないなんてモッタイナイ。長い条文こそ、気楽に読んでみましょう。

一人で長い条文を読むときは、まずは主語と動詞だけの、短い条文に書き直してみて下さい。書き直した文と条文を比べて読む。そして、両者の違いを考えてみて下さい。書き直した短い文の意味は、法律の条文の意味とは、必ず違います。なぜならば、短くした文以外の場合がある＝「じゃない方がある」からです。

例として、民法の中で一番長そうな条文、民法三九八条の一〇①項を読んでみることにしましょう。

この条文が難しそうに見えるのは、会社分割の知識が足りない（知識がゼロではない）からです。「会社分割」と聞くと、学生は全員、会社が分かれる（分割する）ことをイメージします。《A会社が、A会社とB会社に分かれる》と。これは、専門用語で言えば、「新設分割」のことです。ところが、法令上の「会社分割」は、これだけではありません。「吸収分割」というものもあります。まとめると、上のようになります。

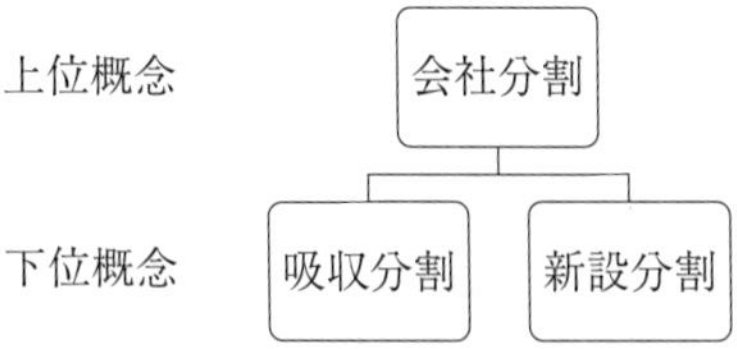

民法の条文は、新設分割と吸収分割のどちらの場合にも適用できるように作られています。ですから、やたら条文が長くなるし、吸収分割を知らない学生にとっては呪文《じゅもん》のようにみえる条文になってしまうのです。次頁の【会社分割のイメージ図】と【根抵当権設定と契約の関係図】をみて下さい。ここでは、根抵当権者はA会社、会社分割後、会社は事業を拡大し、豆乳とジュースを作ることにしたと仮定します。これをみれば、みなさんも「吸収分割」や「根抵当権設定」がどういうことか具体的に想像できると思います。

それでは、民法三九八条の一〇第一項を読んでみましょう。

【会社分割のイメージ図】

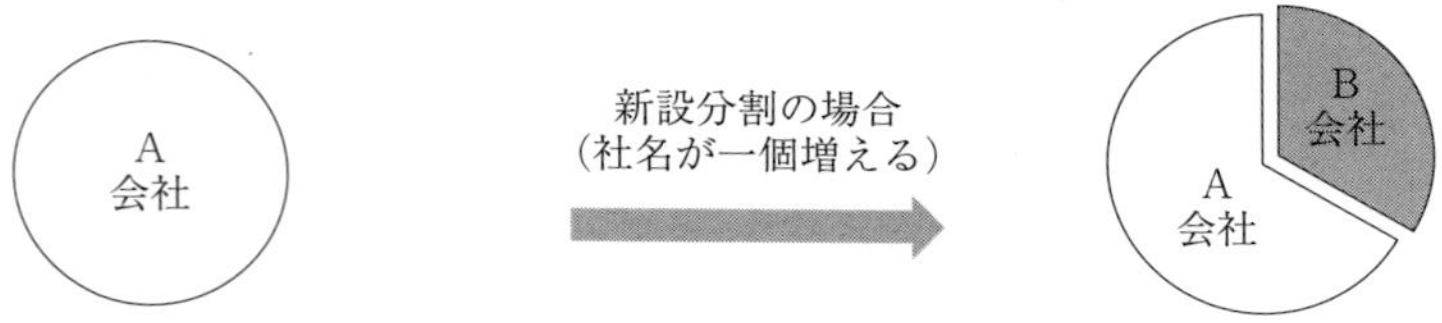

A会社＝缶茶と缶コーヒーを作っている会社
＝会社分割をしようとしている会社

A会社＝缶茶と（豆乳）を作る会社
＝「分割をした会社」
B会社＝缶コーヒーと（ジュース）を作る会社
＝「分割により設立された会社」

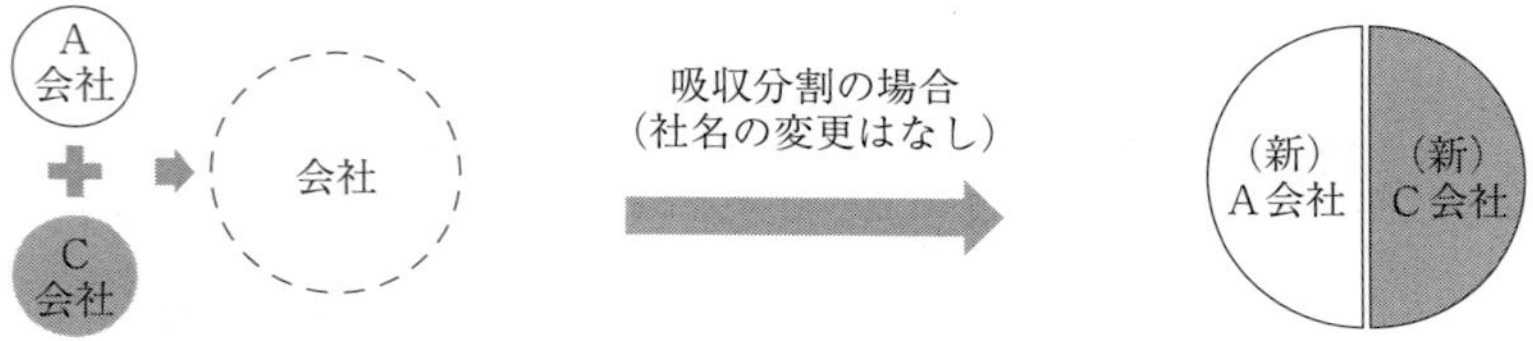

A会社＝缶茶と缶コーヒーを作っている会社
＝C会社のノウハウを一部受継しようとしている
＝会社分割をしようとしている
C会社＝缶茶と缶コーヒーを作っている会社
＝B会社のノウハウの一部を受継しようとしている
＝会社分割をしようとしている

新A会社＝缶茶と（豆乳）を作る会社＝会社分割をした会社
＝旧C会社から缶茶を作るノウハウなどを受け継いだ会社
＝（旧C会社から）その事業に関して有する権利義務を承継した会社
新C会社＝缶コーヒーと（ジュース）を作る会社＝会社分割をした会社
＝旧A会社から缶コーヒーを作るノウハウなどを受け継いだ会社
＝（旧A会社から）その事業に関して有する権利義務を承継した会社

【根抵当権設定と契約の関係図】

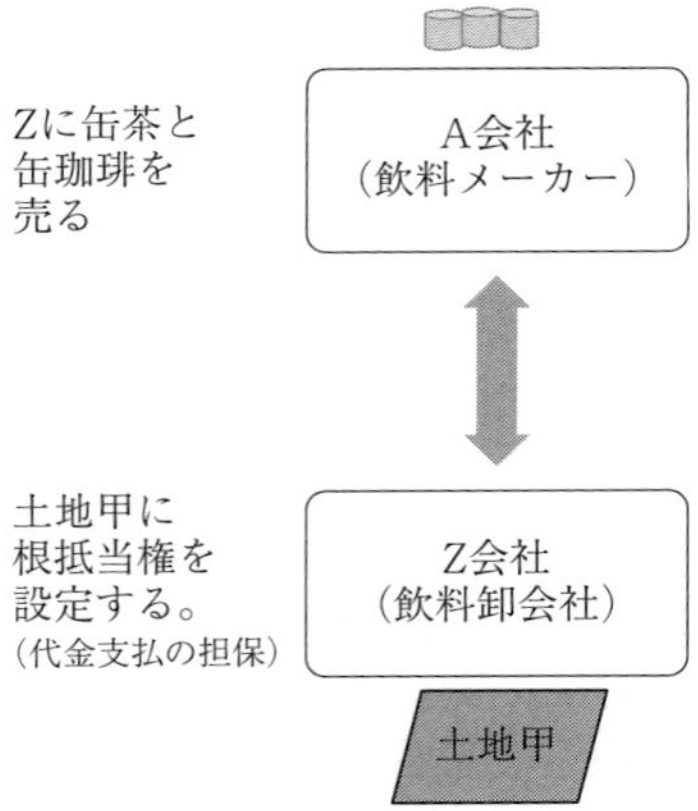

ＡとＺ　缶茶と缶珈琲の定期購入の売買契約を締結する（契約①）。
Z所有の土地甲に、当該契約の担保として極度額1億円の根抵当権を設定する。

↓

Aが会社分割をし、A会社が豆乳を、B会社orC会社がジュースの製造も行うようになった。

↓

（新設分割の場合）ＡとＺ　新たに、豆乳の定期購入の売買契約を締結する（契約②）。
ＢとＺ　新たに、ジュースの定期購入の売買契約を締結する（契約③）。
（吸収分割の場合）ＡとＺ　新たに、豆乳の定期購入の売買契約を締結する。
ＣとＺ　新たに、ジュースの定期購入の売買契約を締結する。

（根抵当権者又は債務者の会社分割）
民法三九八条の一〇第一項
元本の確定前に根抵当権者を分割をする会社とする分割があったときは、根抵当権は、分割の時に存する債権のほか、分割をした会社及び分割により設立された会社又は当該分割をした会社がその事業に関して有する権利義務の全部又は一部を当該会社から承継した会社が分割後に取得する債権を担保する。

【会社分割のイメージ図】に当てはめると、条文に書かれた「分割をした会社」＝（新）A会社、「分割により設立された会社」＝B会社、「当該分割をした会社がその事業に関して有する権利義務の全部又は一部を当該会社から承継した会社」＝（新）C会社、です。
次に、主語と動詞だけの、短い条文に書き直してみましょう。

作文（分割があったときは、）根抵当権は、債権を担保する。

根抵当権者の名義書換の登記がなされない限り、作文「根抵当権は、債権を担保する」ということは、根抵当権者（A）が根抵当権設定者（Z）に対してもっている債権全部を担保することを意味します。従って、例えば、A会社が新設分割をした場合には、上記作文のルール（根抵当権は債権を担保する）に従うと、《根抵当権は、（新）Ａ会社がＺ会社に対してもっている債権すべて（契約①の缶茶の債権と契約②の債権）を担保する》ことになります。他方で、短くした作文の「じゃない方がある」に従って考えると、《根抵当権は、（新）Ａ会社がＺ会社に対してもっている債権すべてを担保するわけではない》となります。

それでは、問題です。

問題　Ａ会社が新設分割をした場合、以下の例文のうち、民法三九八条の一〇①項の意味として正しいものを、一つ選んで下さい。

①　新ＡがＺに販売した缶茶と豆乳の代金債権と、ＢがＺに販売した缶珈琲とジュースの代金債権が担保される（契約①～③の債権を担保）。

②　新ＡがＺに販売した缶茶と豆乳の代金債権は担保されるが、ＢがＺに販売した缶珈琲とジュースの代金債権は担保されない（契約①の一部の債権と契約②の債権を担保）。

③　新ＡがＺに販売した缶茶の代金債権と、ＢがＺに販売した缶珈琲の代金債権が担保されるが、新ＡがＺに販売した豆乳やＢがＺに販売したジュースの代金債権は担保されない（契約①の債権を担保）。

④　新AがZに販売した缶茶の代金債権は担保されるが、新AがZに販売した豆乳やBがZに販売した缶珈琲やジュースの代金債権は担保されない（契約①の一部の債権を担保）。

正解は注を読んで下さい。[17]

(17)　正解は、③です。

第四節　違う法律の条文を比べて読んでみる──全体は、部分に表れる

民法七一一条を例に、第二編第三章第一節で上述したように、個々の規定は、法の体系（刑法を含む現行法全体）を踏まえて作られています。

そこで、以下では、違う法律の条文を比べて読んでみることにしましょう。単語だけでなく表現にも注目して下さい。「法律の条文は、なぜこんな言い方（表現）をするのか」という視点で比べてみれば、「法の仕組み全体から考えると、条文はこういう言い方をする必要がある」ことが納得できると思います。

1　名詞を比べて読んでみる――「物」「動産」「財物」

問題　民法八五条を読んで、現金は動産か否か説明して下さい。

（定義）
民法八五条
　この法律において物とは、有体物をいう。

民法八五条を知っている学生にこの問題を出すと、正解率はあまり良くないです。誤った解答は、次頁の二つに大別されます。

答案Ａ　動産ではない。そもそも、民法上の「物」は物理学的な物とは違う。人間の体（遺体も含む）は、民法上の「物」ではない。民法八五条の「物」とは、「売買契約の対象となるもの」のことだから、**売買の決済手段である現金は、民法上の「物」ではない**から、動産ではない。

答案Ｂ　動産である。民法八五条により「物」とは、有体物のことである。有体物とは、目に見えなくても管理可能な**財産的価値のあるもの**のことだから、現金は「物」である。そして、現金は不動産ではないから、動産である。

答案Ａは、民法が「物」の規定を置く趣旨をよく理解している答案です。本来、民法上の「物」が物理学上の「物」と完全に一致しているならば、八五条の規定なんかなくても良いはずです。民法上の「物」とは、物理学上の物ではなくて、取引の対象になる・対象としてもＯＫな物のことです。従って、例えば、生きている人間の体は、物理学的には物ですが、民法上の「物」ではありません。[18]

他方で、現金（金銭）は、通常「物」を買うときの支払手段ではありますが、売買の対象にしても良いし、実際、売買の対象となることがあります。[19]ですから、答案Ａは、太字の部分の理解が間違っています。

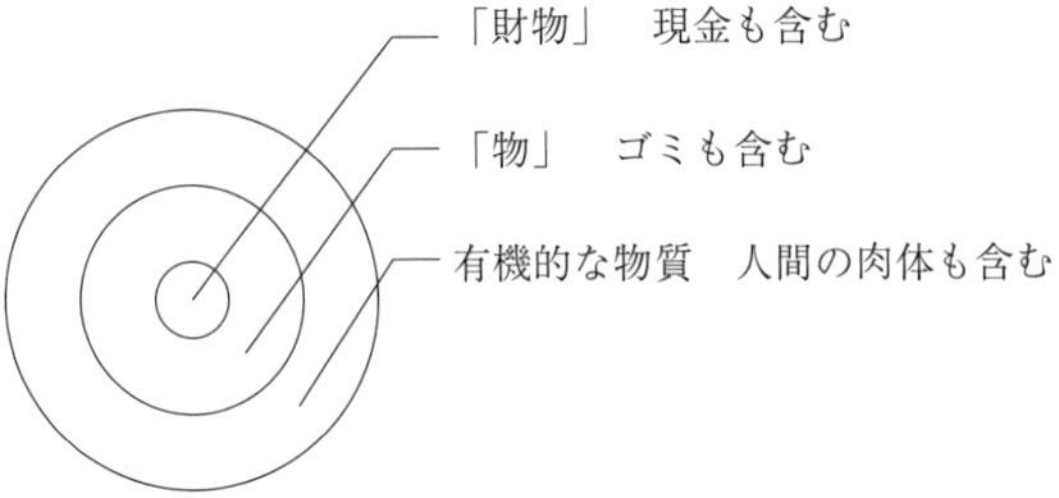

答案Ｂのタイプの答案は、ガスや電気を例に挙げて、財産的価値があることを強調してくることも多いのですが、「物」であるための条件（要件）として、民法八五条は、「財産的価値」を要求していません。ゴミだって、「物」です。従って、答案Ｂも太字の部分の理解が間違っています。

「物」を正しく理解していることの意義・重要性は、民法よりも刑法や民事執行法などにおいて、より鮮明になります。人は物ではないからこそ、人を傷害すると傷害罪に問われ、動物などの物を傷害すると器物損壊罪に問われるのです。現金は動産だからこそ、民事執行では動産執行の対象になります。そして、同じ動産であっても経済的価値をもつ現金を盗めば窃盗罪となりますが、ゴミを持ち去っても窃盗罪にはなりません(20)。

以下の五つの条文を読み比べて確認してみてください。なお、読みやすさを優先して、条文の原文にある括弧《かっこ》書きの部分は、省略しました。

（定義）
民法八五条
この法律において**物**とは、有体物をいう。
（傷害）
刑法二〇四条
人の**身体**を**傷害した**者は、十五年以下の懲役又は五十万円以下の罰金に処する。
（器物損壊等）
刑法二六一条
前三条に規定するもののほか、他人の**物**を損壊し、又は**傷害した**者は、三年以下の懲役又は三十万円以下の罰金若しくは科料に処する。
（動産執行の開始等）
民事執行法一二二条
動産（…略…）に対する強制執行（…略…）は、執行官の目的物に対する差押えにより開始する。(21)
（窃盗）
刑法二三五条

他人の**財物**を窃取した者は、窃盗の罪とし、十年以下の懲役又は五十万円以下の罰金に処する。

(18) 但し、人間の遺体は、学術研究のため、献体などのように使用貸借契約の対象となることはありえます。

(19) 実際には、現行紙幣・貨幣（コイン）も売買されることがあります。例えば、紙幣番号が77777とか、88888の紙幣は、「縁起物」ということで「一万円札が八万円」で売買されることがあります。

(20) 窃盗罪の対象となるのは「財物」であってゴミ（物の一種）ではないからです。「財物」の定義・解説については、山口厚『刑法各論〔第二版〕』（有斐閣、二〇一〇年）一七五頁など。

多くの自治体が、いわゆる「資源ごみ」の持ち去りを禁止する条例を定めています。なぜならば、資源ごみは、通常のごみと違って財産的価値がある（財物である）けれど、所有権が誰にあるのかが曖昧です。そのため、無主物と解する余地のある資源ごみを持ち去った人を直ちに窃盗罪で問うことができないからです。

(21) 動産と不動産は、どちらも「物」ですが、具体的な民事執行の方法は、動産執行と不動産執行に分けられます。

2　動詞を比べて読んでみる――「〜とする」「〜とみなす」「〜と推定する」

> 問題　「みなす」と「推定する」は、どう違うのか説明してください。

この問題に対する学生の解答は、おおむね「『みなす』は覆《くつがえ》らないけれど、『推定する』は覆る」という説明です。そして、勉強熱心な学生になると、「『推定する』は同一の訴訟内で反証《はんしょう》を試みることが認められるが、『みなす』は別訴でなければ反証が許されない」などと説明してきます。私は、これらの解答について「六〇点」「△」などと返答します。では、次の問題です。

問題　民法七五三条は「みなす」と規定していますが、なぜ民法四条のように「成年とする」と規定していないのでしょうか。考えられる理由を説明してください。

（婚姻による成年擬制）
民法七五三条
　未成年者が婚姻をしたときは、これによって成年に達したもの**とみなす**。
（成年）
民法四条
　年齢二十歳をもって、成年**とする**。

現行法上、一八歳以上の人には選挙権がありますが、一六歳の女の子が結婚しても、選挙権はありません。このような扱いは、成年擬制制度と矛盾するものではありません。なぜならば、一六歳の女の子が結婚した場合、「成年とする」のではなくて、成年とみなすからです。飲酒も同じです。二〇歳未満の人は、たとえ結婚していても飲酒は禁止されています。規定を確認してみましょう。

憲法一五条三項
　公務員の選挙については、成年者による普通選挙を保障する。
（選挙）
公職選挙法九条一項
　日本国民で年齢満十八年以上の者は、衆議院議員及び参議院議員の選挙権を有する。
未成年者飲酒禁止法一条一項
　満二十年ニ至ラサル者ハ酒類ヲ飲用スルコトヲ得ス

　要するに、「〜とする」は、「（一般原則として）〜と扱う」けれども、「〜とみなす」は、「法は、（一般原則として）〜と扱うとは限りません。〜じゃないときがあるかもしれません」ということです。従って、民法以外の法律において婚姻した未成年を未成年のママとすることは矛盾とならないのです。

　では、「みなす」「推定する」は何が違うのでしょうか。私個人は、「みなす」「推定する」の違いは、

「みなす」を使う場合、「法は、～ではないことは百も承知。～ではないと知っているが、あえて～と扱う」という宣言であり、「推定する」を使う場合、「法は、～かどうかは知らないよ。知らないけど、～としておくね」という風に、軽い感じに理解しています。(22) なぜならば「覆《くつがえ》る」とか「反証を許す」とかは、本質的な違いではなく、立法政策の問題・技術的な問題に過ぎないからです。その証左に、嫡出推定は夫婦の離婚訴訟では反証が許されていませんし（民法七七五条）、出訴期間が短いため（民法七七七条）、嫡出推定を覆すことは、実際には困難です。(23)

民法四条の「とする」の文言と、民法七七二条一項、七七五条、七七七条の文言を読み比べて確かめてみてください。

（嫡出の推定）
民法七七二条一項
　妻が婚姻中に懐胎した子は、夫の子**と推定する**。
（嫡出否認の訴え）
民法七七五条
　前条の規定による否認権は、子又は親権を行う母に対する嫡出否認の**訴えによって行う**。……略……。
（嫡出否認の訴えの出訴期間）

民法七七七条
嫡出否認の訴えは、夫が子の出生を知った時から**一年以内**に提起しなければならない。

(22)「～とする」「～とみなす」「～と推定する」の関係を、一般法と特別法の関係ととらえ、「特別法は一般法に優先する（特別法は一般法を排斥する・特別法は一般法を破る）」と考える余地もあります。

コンサイス法律学用語辞典によれば、「みなす」「推定」について、次のような説明がなされています。『コンサイス法律学用語辞典』（三省堂、二〇〇三年）一五三七頁、九〇四頁。

みなす「ある物や事柄と性質の異なる別の物や事柄とを、法律上、同一のものとして、同一の法律効果を生じさせることを指す」。

推定「一般に、あることから別のことを推認すること」。

(23) 離婚訴訟では、子どもの嫡出を否定することはできず、別途嫡出否認の訴えを提起する必要があります。また、嫡出否認の訴えは時効期間が一年間のため、夫（父）が嫡出性に疑問を抱いた時点では、既に時効期間が経過していることが少なくないため、「事実上、嫡出推定は覆らない」との批判があります。

3　同じ「自由心証主義」の条文を比べて読んでみる——民事訴訟法二四七条と刑事訴訟法三一八条

まず、刑事訴訟法五四条の送達の規定を読んでください。

刑事訴訟法五四条
書類の送達については、裁判所の規則に特別の定のある場合を除いては、民事訴訟に関する法令の規定（公示送達に関する規定を除く。）を準用する。

この規定を読んで分かることは、《刑事訴訟法が民事訴訟法と同じやり方をする場合には、「準用する」という言い方をする》ということです。裏を返せば、「準用する」とは言わない（書いていない）にも関わらず同じ項目の規定がある場合には、「刑事訴訟法は、民事訴訟法とは違うやり方をする」ということです。

それでは、民事訴訟法二四七条と刑事訴訟法三一八条を読み比べてみてください。どちらも「自由心証主義について定めた規定」です[24]。

（自由心証主義）
民事訴訟法二四七条
裁判所は、判決をするに当たり、口頭弁論の**全趣旨**及び**証拠調べの結果**をしん酌して、自由な心証により、事実についての主張を真実と認めるべきか否かを判断する。

刑事訴訟法三一八条
証拠の証明力は、裁判官の自由な判断に委ねる。

この二つの規定をながめると、《刑事訴訟法の規定が短い》ことは誰にでも分かるでしょう。反対に、民事訴訟法の規定は、長ったらしくて、こ難しい。ビビらないで、単語にも注目してみてください。

まず、民事訴訟法には「口頭弁論の全趣旨」の文言がありますが、刑事訴訟法には「口頭弁論」の文言は存在しません。つぎに、民事訴訟法二四七条は「証拠調べの結果」となっていますが、刑事訴訟法三一八条は「証拠の証明力」となっています。つまり、二つの条文が用いている文言（単語）は、同じではありません。

刑事訴訟では、（有罪判決を下す場合）必ず証拠を調べますが、民事訴訟では、証拠を調べずに判決を出しても構いません。当事者（訴えている人と訴えられている人）の話（主張）を聞いてオシマイ。証拠を一つも調べないまま終わる事件は、民事訴訟では普通にあります。それだけではありません。民事訴訟では、（原則、当事者の在廷が求められる）刑事訴訟と違って、当事者は法廷にいなくても構いません（欠席してもＯＫ）[25]。

Ａがを殴った事件を例にしましょう。殴った人が「殴った」という事実を素直に認めている場合には、以下のような違いが生じます。

民事訴訟では、訴えている人と訴えられている人の言っていることが一致していれば、一致している言い分をそのまま事実として判決文に記載もしくは反映させせなければなりません。このような考え方を「弁論主義」と言います。弁論主義は、民事訴訟でのみ採用されている考え方で、刑事訴訟では採用されていません。民事訴訟は、弁論主義を採用しているため、証拠を一つも調べないまま、当事者の一致した言い分だけで判決を出しても構わないことになっています。

反対に、刑事訴訟では、訴えている人（検察官）と訴えられている人（被告人）の言っていることが一致していても、それだけで有罪の判決を下すことは許されません。有罪の判決を下すには、必ず証拠を調べます。このことは、憲法上の大原則です（憲法三八条三項）。

時々、自分がやってもいないことを身代わりで「自分がやった」と嘘をつく人がいます。この場合、民事訴訟では深追いせず、そのまま受け入れます。民事訴訟で採用されている弁論主義に従えば、そうなるのです。ところが、刑事訴訟では、真実に基づいた判決が要請されていますから、「自分がやった」という被告人の言い分だけで有罪判決を出すことは決して許されません。（民事訴訟が採用している）弁論主義などトンデモナイ。それが刑事訴訟の考え方なのです。(26)

必ず証拠を調べなければならない刑事訴訟と、当事者の言い分だけで判決を下してもいい民事訴訟。その違いは、民事訴訟法二四七条と刑事訴訟法三一八条規定の文言の違いに反映されているだけではありません。規定の置かれている場所にも反映されています。民事訴訟法二四七条は、第二編第五章「判決」の章に置かれていますが、刑事訴訟法三一八条は、第二編第三章第四節「証拠」の章に置かれています。必ず証拠を調べる刑事訴訟の場合、自由心証主義の規定を「証拠」の章に置くことができますが、証拠調べがないこともある民事訴訟の場合、自由心証主義の規定を「証拠」の章に置くことができません。

「なぜ、この規定はこの章立てに置かれているのか」。みなさんも、法律の条文の文言だけでなく、規定の置かれた場所にも、ぜひ注目してみてください。

(24)　白取祐司『刑事訴訟法〔第九版〕』（日本評論社、二〇一七年）三二六頁など。
(25)　民事訴訟法一五八条は、当事者が欠席した場合を想定した規定です。刑事訴訟において当事者（被告人）

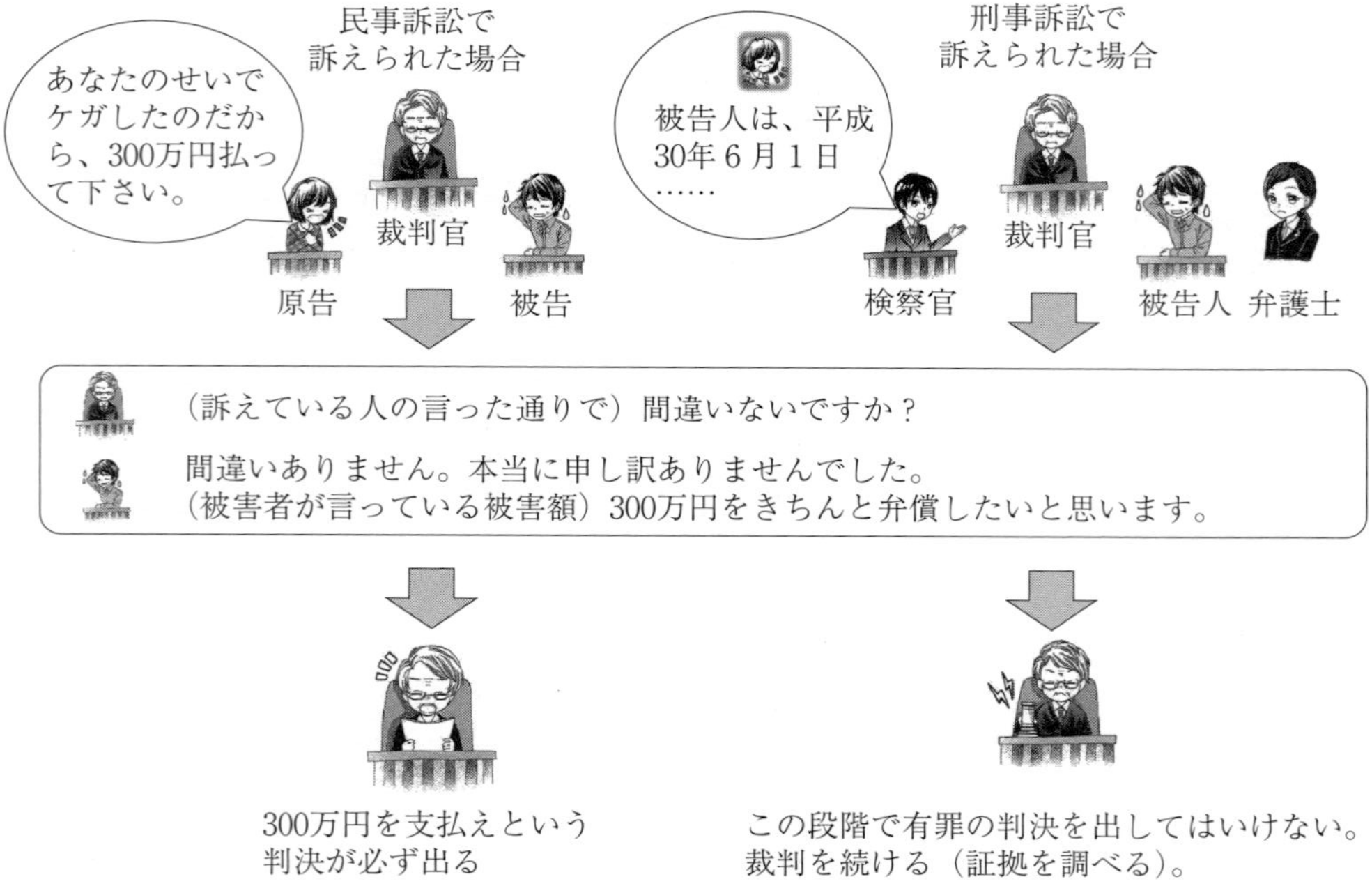
民事訴訟で訴えられた場合
あなたのせいでケガしたのだから、300万円払って下さい。
原告
裁判官
被告
刑事訴訟で訴えられた場合
被告人は、平成30年６月１日……
検察官
裁判官
被告人
弁護士
（訴えている人の言った通りで）間違いないですか？
間違いありません。本当に申し訳ありませんでした。
（被害者が言っている被害額）300万円をきちんと弁償したいと思います。
300万円を支払えという判決が必ず出る
この段階で有罪の判決を出してはいけない。裁判を続ける（証拠を調べる）。

が在廷していなくてもよい例外については、刑事訴訟法二八三条、二八四条、三〇四の2条、三九〇条など。

(26)　刑事訴訟では真実追及が現行法の目的の一つとされていますが、追及されるべき真実は絶対的真実ではなく、「訴訟的真実」にすぎないと言われています。白取祐司・前掲注(24)三一八頁。

第五節　条文解釈をマスターするための、お薦めの科目（法分野）

法学部の学生の理想は、《憲法・民法・刑法をしっかり勉強して、同時に、どの法律にも応用できる条文解釈という技術・技能もマスターする》ことです。それがすんなりできる学生もいますが、そういう学生ばかりとは限りません。そこで、私が条文解釈を自習する方法としてお勧めするのが、国際私法を学ぶことと、刑事訴訟法と民事訴訟法を比べて読むことです。

1　国際私法を学ぶ――体系的理解を会得する一つの手段

私が国際私法を学ぶことをお薦めする理由は、体系的理解を会得するのに適している科目だと思うからです。

国際私法とは、純然たる国内事件ではなく、何らかの形で外国ないし外国人が関わる事件を扱います。扱っている個々の事件の内容は、私法（ほぼ民法と同じ）なのですが、法的問題（試験の評価ポイント）が民法とは違います。例えば、「不完全履行」の事例が国際私法の試験に出されたとします。この場合、「契約か不法行為か、どちらの問題と思うか」という問いに、どう解答するかは、どっちでもいいのですし、なぜそう思うかの理由づけもそれほど詳細に述べなくても構いません。評価の対象となる（成績と直結する）のは、時効・裁判をする場所（管轄）・適用する法律（準拠法）など、すべての問題に「契約なら契約」「不法行為なら不法行為」であることを貫いているか否かなのです。つまり、評価のポイントは、論点を理解・暗記しているかではなく、答案に書いたことを首尾一貫させていることなのです。

「答案に書いたことを首尾一貫させる」ということは「法を体系的に理解している」ことでもあります。上述した自販機の問題を出したA先生の出題意図も、私は、国際私法を勉強してようやく分かったのです。

「法には体系がある」ということが今一つ分からない方は、是非、国際私法――なかでも性質決定・先決問題・適応問題――を勉強してみて下さい。

2　民事訴訟法と刑事訴訟法を比べて読む——比べやすい条文がたくさんある

文理解釈を身につけるための具体的な自習方法として、これまで私は、「比べて読む」ことをお勧めしてきました。けれども、どの条文とどの条文を比べればいいのか。自習しながら、それが分かるならば、誰も苦労はしないでしょう。お薦めは、「自由心証主義」で紹介したように、民事訴訟法と刑事訴訟法を比べて読むことです。お勧めする理由は、送達や自由心証主義のように、同じ事柄を規定している条文なのに、文言が異なる条文がたくさんあるからです。(27) 両者の規定の文言を読み比べると、民事と刑事の違いが反映されていることが分かり、法律の条文の言葉使いも理解しやすくなると思います。

とは言え、予備知識もないまま、いきなり六法を開いて自分で民事訴訟法と刑事訴訟法を読み比べても、サッパリ訳が分からないかもしれません。そこで、民事訴訟と刑事訴訟で共通している基本構造と、最も基本的な用語を簡単に紹介しますので、自習する際の参考にしてください。

(27)　民事訴訟法と刑事訴訟法の用語を統一した方が良いとの考えもあり得ますが、私個人は、些細《ささい》に見えるかもしれないけれど実際には大変重要な違いがあるため、用語の統一は適切ではない、と考えています。小林秀之・安富潔『クロスオーバー民事訴訟法・刑事訴訟法〔第三版〕』（法学書院、二〇一〇年）三九頁参照。

（共通の）訴訟の基本構造

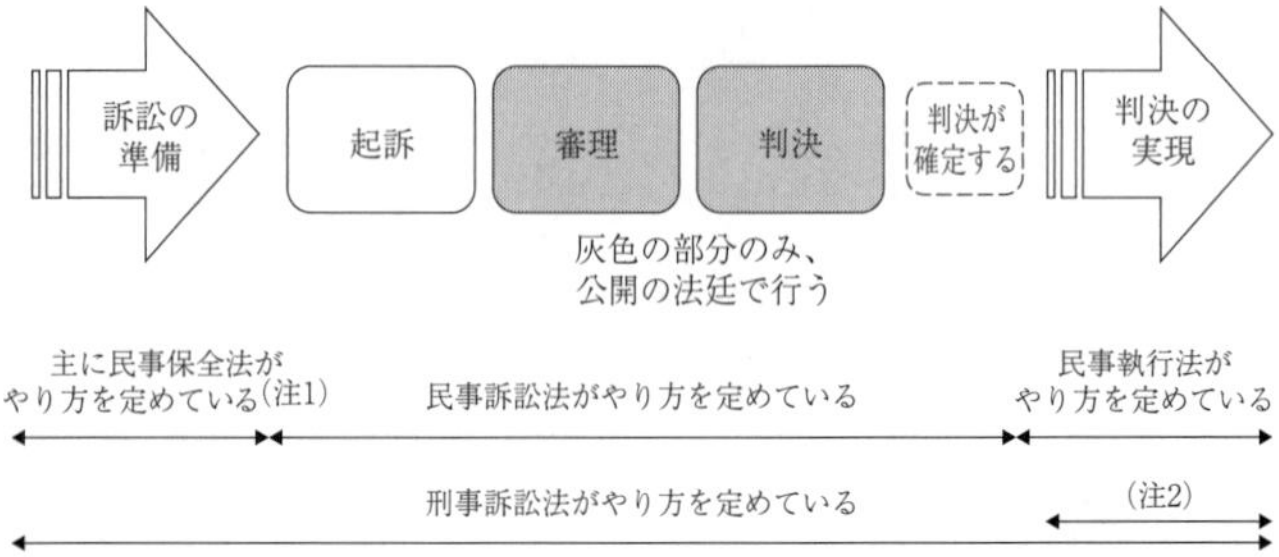

（注１）　訴訟の準備段階では、民事保全法以外にも、訴訟の準備段階で行われることを定める規定が存在します。民事訴訟法235条２項「起訴前の証拠保全」、民事訴訟法132条の３「提訴予告通知制度」など参照。

（注２）　判決以降の段階では、刑法、刑事被収容者処遇法、更生保護法などが適用されます。

訴訟に登場する人々の呼び名

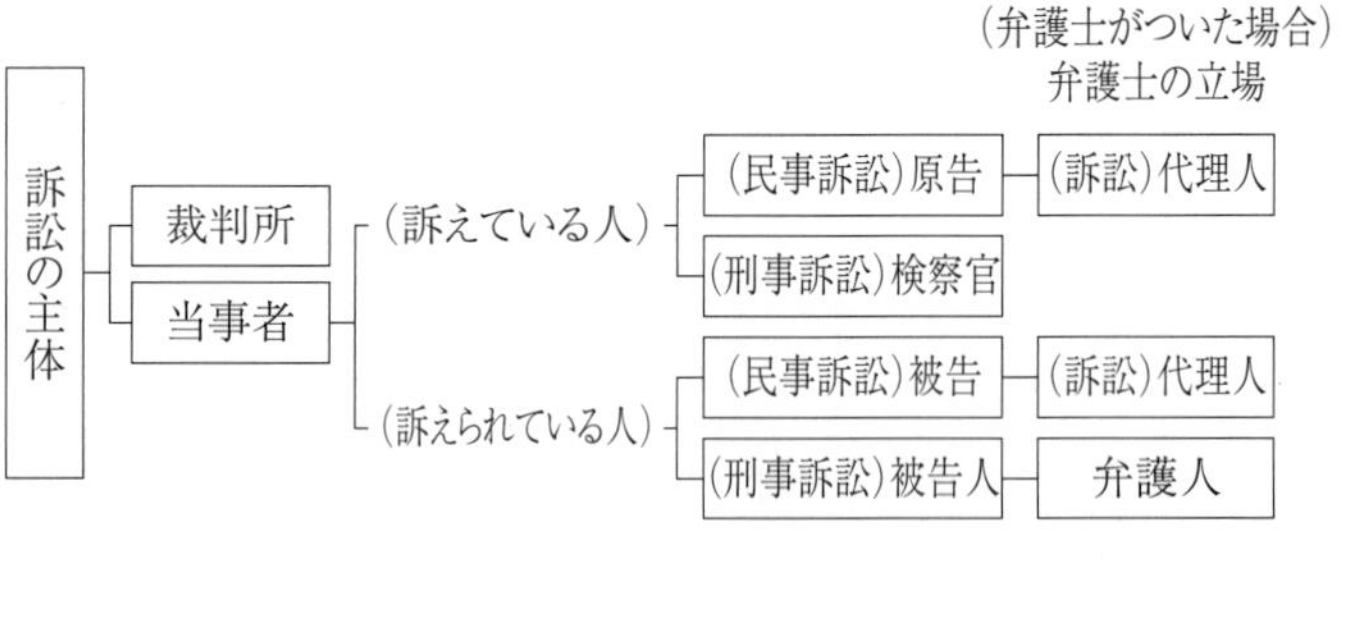

基本的専門用語の違い

個々の事項＼法分野	民事訴訟法での名称	刑事訴訟法での名称	両者の違い
手続遵守の要請について	手続保障	適正手続	自己責任が問われるか否かが違う（注1）
訴訟の必要性があるかについて	訴訟要件	訴訟条件	費用の納付の要否などが違う（注2）
起訴の仕方	訴状の提出	起訴状の提出	記載事項と、費用の納付の要否が違う（注3）
対審手続が行われる日	口頭弁論期日	公判期日	当事者の在廷義務の有無が違う（注4）
訴えられた当事者の名称	被告	被告人	国が弁護人を付してくれる保障の有無が違う（注5）
当事者についた弁護士の呼び名	訴訟代理人	弁護人	弁護士の発言が「本人の発言」となるか否かが違う（注6）

（注１）　民事訴訟では「後出しジャンケン」のような主張・証拠提出は許されていません。民事訴訟法157条参照。

（注２）　民事訴訟では「法律上の争訟」であることが要件です（裁判所法３条１項）。刑事訴訟では、罪刑法定主義により、問われている行為が行為時に、罪であることが明確に法律に定められていたことが要件です（憲法39条前段、刑事訴訟法339条２号）。

（注３）　民事訴訟法133条、137条、刑事訴訟法256条参照。なお、民事訴訟では、訴状にはできるだけ多くのことを記載することが民事訴訟規則53条１項などで明確に要請されています。ところが、刑事訴訟では逆です。予断排除（防止）の原則から、刑事訴訟法256条６項によって、起訴状には必要最低限のことのみ記載することが、明示的に要請されています。

（注４）　民事訴訟法158条、刑事訴訟法278条、285条～286条の２、288条～289条参照。

（注５）　憲法37条３項、刑事訴訟法36条参照。

（注６）　民法99条、民事訴訟法54条１項、57条、刑事訴訟法31条１項参照。

基本的原理・原則の異同

原理・原則＼法分野	民事訴訟法（学）	刑事訴訟法（学）
事案の真相の解明	訴訟の目的ではない	目的の一つ（刑事訴訟法１条）
当事者対等の原則	民事訴訟法と刑事訴訟法の両方でどれも採用されている	
当事者主義と職権主義		
片方の教科書にのみ詳細な記述がある重要事項（重要な原則・概念）	弁論主義 証明責任 訴訟経済	罪刑法定主義 推定無罪 疑わしきは被告人の利益に

（注）　条文の解釈についてですが、民事訴訟法は、私法でもありますが公法でもあるため、刑事訴訟法ほど厳格ではないにしても、基本的には類推解釈などの解釈技法をとることには消極的です。

当事者主義と職権主義

問題の局面／訴訟手続の主導権の担い手	問題の主導権を一方に認める考え方	特定の問題についてのみ一方の主導権を認める				
		①訴訟手続の利用について		②証拠などについて	③訴訟手続の進行について	
		ⓐ　誰が、裁判を始めるのか？	ⓑ　訴訟手続は必ず判決で終わるのか。判決以外の解決を当事者が選択することも認めるのか。	誰が、訴訟手続において斟酌されるべき材料（主張・証拠）の蒐集を行うのか？	ⓐ　誰が、送達行為の主体なのか？	ⓑ　誰が、送達以外の手続を主導するのか？
当事者	当事者主義	(民)処分権主義 (刑)≒弾劾主義	(民)　処分権主義 (刑)　変更主義	当事者主義 (≒民)弁論主義 (≒刑)当事者追行主義	当事者送達主義	当事者進行主義
裁判所	職権主義	(民)　？ (刑)　糾問主義	(民)　？ (刑)　？	職権主義 (≒民)　職権探知主義 (≒刑)　職権（審理）主義	職権送達主義	職権進行主義

手続を進める主導権を誰に認めるかという問題については、大別すると、２つの考えがあります。

一つは、当事者に主導権を認める「当事者主義」です。もう一つは、裁判所に主導権を認める「職権主義」です。

現行法は、民事訴訟法、刑事訴訟法のいずれも、極端な当事者主義・職権主義を採用していません。①の問題については当事者主義、②の問題については原則として当事者主義、③の問題については職権主義、を採用しています。

（注）　昔、フランス民事訴訟法が大胆な当事者主義を導入したけれども失敗し、18世紀のプロイセン民事訴訟法が大胆な職権主義を導入したけれども失敗したことについては、河野正憲『民事訴訟法』（有斐閣、2009年）258頁などを参照。

各用語については、河野正憲・前掲『民事訴訟法』、白取祐司・前掲注（24）、福井厚編『ベーシックマスター刑事訴訟法』（法律文化社、2009年）などを参照して下さい。

現行法の明文規定としては、①については民事訴訟法133条、246条、刑事訴訟法247条、②については民事訴訟法180条、刑事訴訟法316条の13、③については民事訴訟法98条１項、93条１項、刑事訴訟法54条、273条、②の例外（職権探知主義・職権審理主義）は刑事訴訟法298条、人事訴訟法20条、行政事件訴訟法24条、38条などがあります。

民事訴訟における自由心証主義（主要事実の認定の仕方）

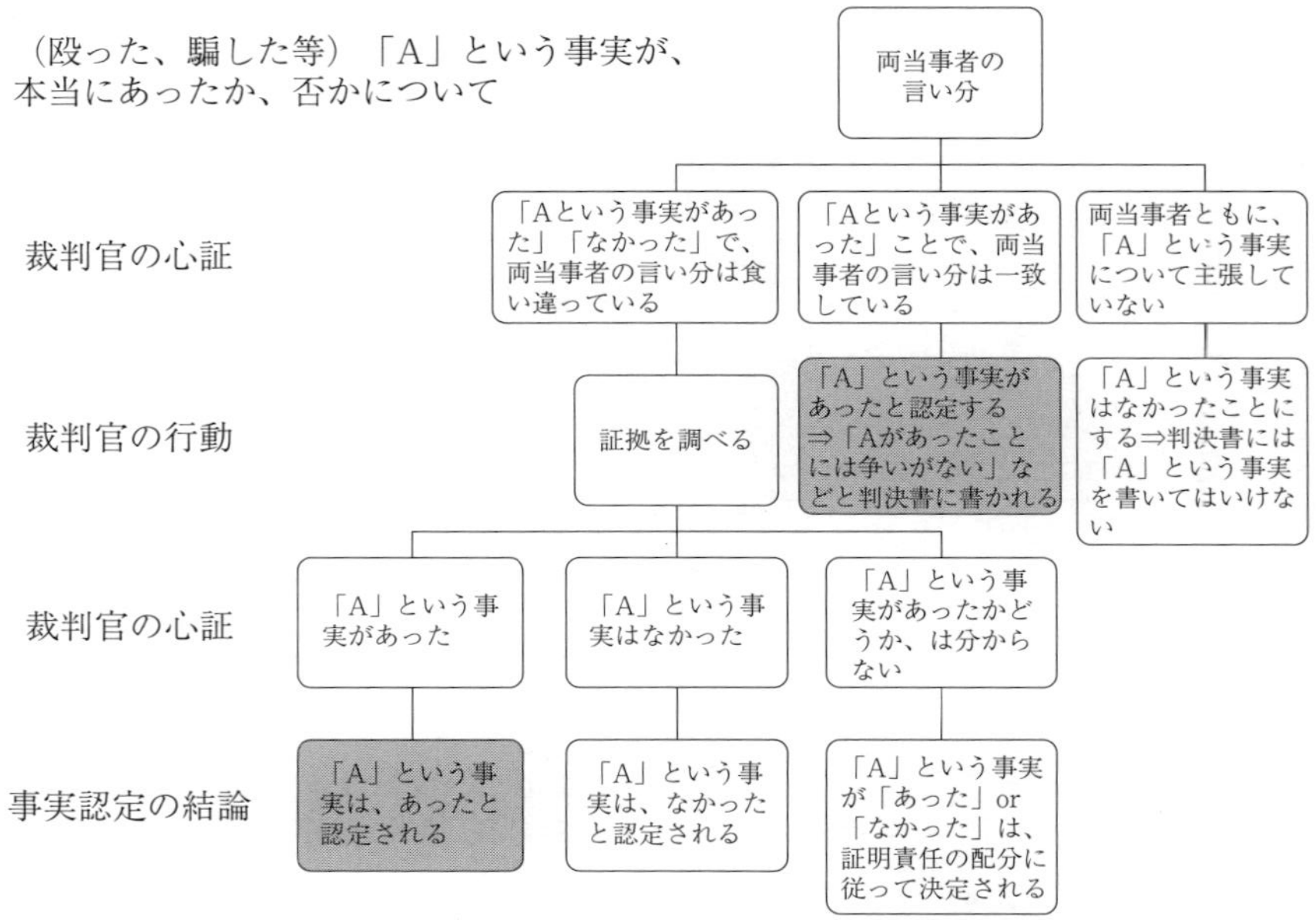

刑事訴訟における自由心証主義（可罰的違法行為の認定）

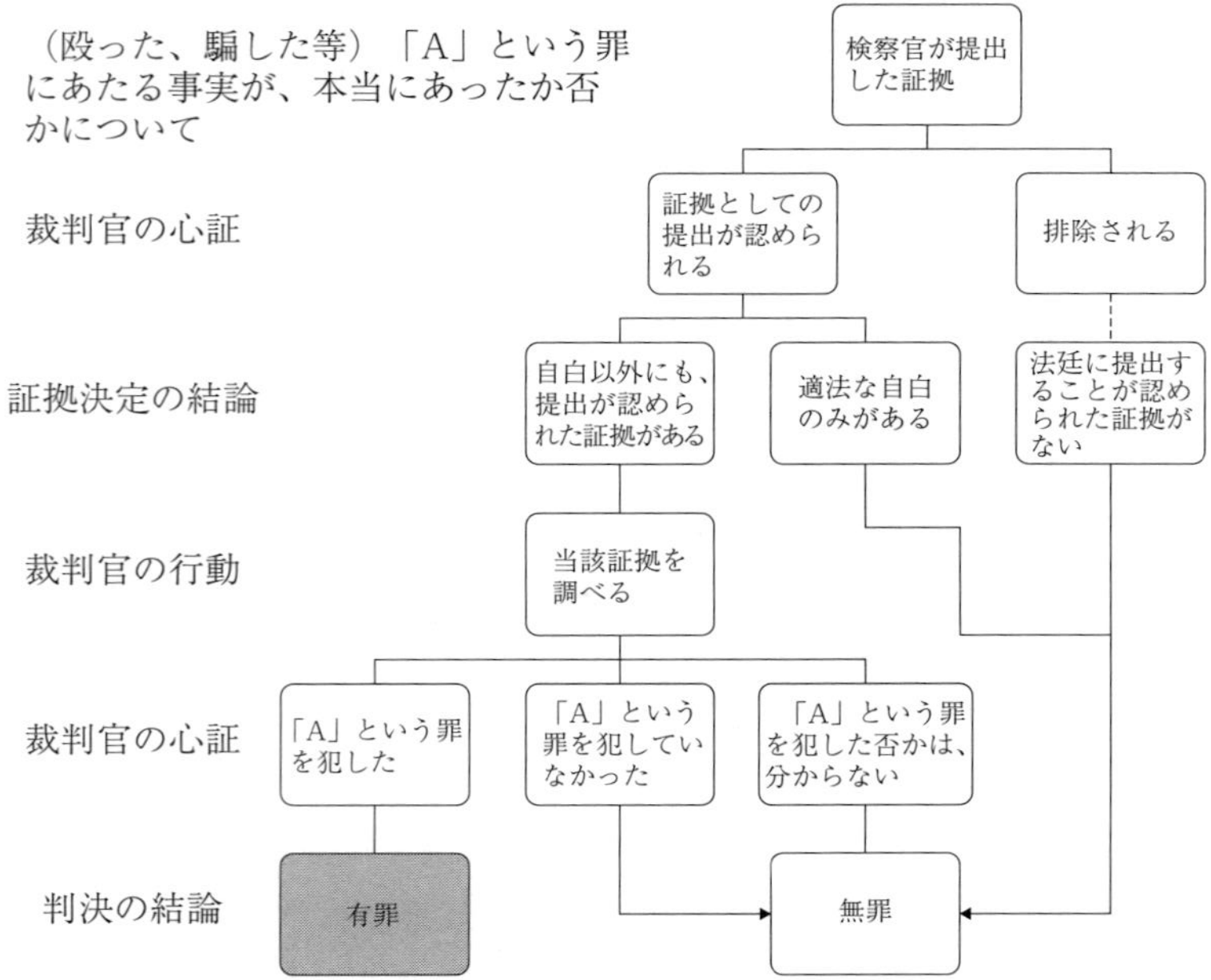

単位が取れない学生へ —

1 電子辞書を止める

紙辞書になれている学生ほど、六法を引くのが正確で速いです。そこで、電子機器を使うことを今すぐ止める！　国語辞典でも何でも、調べ物をするときは、紙の辞書で調べることを習慣にしましょう。

なお、法律関係の英単語・外国語を調べるときは、紙辞書の方が圧倒的に効率的です。なぜならば、法律で用いる意味は、単語の説明の後ろ（下）に書かれていることが多く、下から読んだ方が早い。そして、「下から読む」には電子辞書は不向き。紙の辞書の方が早く読めます。

2 訳が分からない単語・表現は、上位概念だと予想する

学生が「法律の条文は、何でこんな難しい言い方をするんだ（舌を噛《か》みそうな単語を使うんだ）」と

感じるときは、

学生がもっと簡単な言い方があると思っている　＝　下位概念
法律の条文が使っている言い方　＝　上位概念

と思って、ほぼ間違いありません。なぜならば、法律は簡潔に書いている。つまり、まとめて書けるのであれば、**法律は、上位概念を使って、まとめて条文に規定している**からです。反対に、学生は、個々の現象は知っていても、まとめて呼ぶ経験もなければ、まとめて呼ぶ必要性を感じることもありません。付言すれば、まとめて呼ぶことは非常に人工的な行為であり、不自然な行為でもあります。ですから、学生が上位概念を苦手とするのは、当然と言えば当然ですが、学生にとって理解できないことでもありません。要は、**慣れ**の問題です。

例えば、親と父。この場合、親が上位概念で、父が下位概念です。慣れてしまえば、そんな難しいことではありません。

上位概念と下位概念を理解するコツは、

1　どっちが大きいグループなのか。

2　小さいグループの仲間は何か。

この二つを考えることです。下位概念は必ず二つ以上あります。仮に、下位概念が一つしかないならば、それは、イコール、言い換え（同義語）であって、もはや下位概念ではなくなってしまいます。ですから、下位概念は必ず二つ以上あります。親と父の例に戻ると、下位概念の仲間は、母です。それでは、問題です(28)。

問題　会社と法人を例にします。
(1)　どっちが上位概念で、どちらが下位概念ですか。
(2)　下位概念の仲間には、他に何がありますか。

(28)　法人＞会社。上位概念は「法人」で、下位概念は「会社」、下位概念の仲間は、学校、地方自治体など。「法人」は、「会社」を含む、より大きな概念です。私は、この問題に答えられない学生には、「大学の正門に行け」と指示します。なぜならば、現在私が所属している神奈川大学の正門には、「学校法人　神奈川大学」という看板が掲げられているからです。いやしくも大学生たるもの、最低でも「法人は会社や大学など」と答えられなければ、いけませんぞ。

3 答案では結論を書かないことにする！

単位を落とすかもしれない学生（再履修レベルの学生）は、事例問題などでは、結論を書かないと決めてしまう（結論を書くことを諦める）。その方が単位を確実に取れるのではないかと思います。単位を焦っている学生ほど、まず結論から書こうとしますが、採点する立場から言えば、最初に書かれた結論なんかスルーします。なぜなら、答案では理由付けこそが大事だからです。

ところが、いくら教員が「理由付けが大事」と言っても、焦っている学生ほど聞いちゃいないし、試験では、どういう結論を書けば良いかばかりに気をとられている。ようやく結論だけ書いたら時間切れ。そんな例は珍しくありません。学年トップを目指す場合はともかくとして、確実に単位を取るのが目標ならば、書く順番は決まっています。

【答案のフォーマット】
（1）何の問題か、考えられる限り、挙げる。
（2）（1）の問題ごとに、条文のあり・なしを書く。
（3）各条文に書いてある適用条件（要件）を書く。
（4）設例に当てはめる（条文の適用条件を満たしているか否かを説明する）。

（5）結論

この順番で、（4）まで書ければ絶対、単位は取れます。極論ですが、単位取得を目標にするならば、結論なんかいりません。大学の先生は、とかく司法試験合格レベルを目標に指導する方が多いです。教育の最終的な目標としては正しいとはいえ、基本的なレベルで躓《つまず》いている学生にとっては、いきなり目標がそれでは、消化不良を起こすだけです。ステップアップ、すなわち、もう少し、段階を踏まえる必要があります。

反対に、司法試験合格などを目指すのであれば、学部学生の段階で、規定や制度の「趣旨・要件・効果」を理解しておく必要があります[29]。

いずれにせよ、法学部卒業生（法学士）として、**最も大切なことは、専門用語を理解し、他人に説明できる**ことです。社会に出れば、同僚は法学部卒業生でない場合がほとんどです。そうである以上、組織もしくは上司は、「法学部卒業生が、他の人に専門用語くらい説明してくれる」ことを期待しますし、実際、卒業生からもそうである旨の報告がされています。トラブルの解決などは弁護士に依頼するとしても、組織内での情報伝達までも弁護士に依頼する余裕（財力）は、日本の会社にはありません。「それくらい、社員同士でやれ」となります。換言すれば、法律を学んだことがない人に、分かる様に説明できることが、業務上、必要になる（可能性がある）ということです。

(29) 実定法の解釈をする場合、文理解釈とは違う解釈を行うのであれば、必ず制度ないし規定の趣旨にさかのぼって解釈します（いわゆる、そもそも論ですね）。そして、実定法が適用される条件、すなわち要件を充足している場合には、どのような法律効果が生じるのか。民事ならば、どのような権利が認められるのか、刑事ならば有罪（罪になるのか）が問われることになります。そのため、「趣旨・要件・効果」の三つをできるだけ早い段階で理解していることが司法試験合格の要となります。

コラム① 法律のプロ中のプロ、一番の専門家は誰？

「法律の一番の専門家って、誰だと思う？」

学生にこの質問をすると、返ってくる答えは、「弁護士」「裁判官」「検察官」。私が「どれも違う。一番じゃない」と答えると、学生は変な顔をしながらも、「司法書士」など知っている限りの職業を答えてきます。ごくまれに「大学の先生」という答えも返ってきますが、私に気を遣って回答しているのは丸分かりです。

「ヒント！　憲法に書いてある。」

こう言うと、学生はシーンとなって黙り込みます。なぜなら、裁判官など憲法に出てくる職業を、学生は、とっくに答えてしまっている……。

「答えは、国会議員」。

私がそう答えると、「法律なんてロクに知らない国会議員なんてたくさんいるよ」という反論が返ってきます。でも、パンのプロはパン屋さん（パン職人）です。作る人がプロなのは常識ですから、「法律を作る人＝国会議員＝法律のプロ」に決まっています。

ところで、話しは突然変わりますが、いわゆる「裁判員法」一五条一号を読んで下さい(30)。

（就職禁止事由）
裁判員法一五条
　次の各号のいずれかに該当する者は、裁判員の職務に就くことができない。
　一　国会議員

この規定は、権力分立の観点から立法権に直接関与する者は除外される、などと説明されています(31)。けれども、私個人は、このような説明に納得していません。なぜなら、厳密に分けることだけが権力分立ではないと思うからです。

そもそも、権力分立に配慮（厳密に分ける）云々と言うのであれば、なぜ、内閣総理大臣や半数以上の国務大臣が国会議員でなければならないのでしょうか。なぜ、いわゆる判検交流（裁判官が法務省に出向して訟務検事になる）が維持されているのでしょうか。選挙について付言すれば、大臣、地方公共団体の首長、裁判官は、当該職務に従事している期間中であっても、投票できます。

職業裁判官と異なり、あくまで一般市民としての資格で参加する裁判員に限って、権力分立（厳密に分ける）を理由に、国会議員等が裁判員の職務につくことを禁止する（自分たちだけやらなくていい）のは、筋が通らないと思います。例えば、イギリスでは、陪審員は多様なバックグラウンドを持つ者から構成されるべきとの考えから、国会議員も陪審員になることができます(32)。

国会議員としての職務に支障が出るというのであれば、例えば、憲法五〇条のように「国会の会期中」に限って就職禁止、「国会の会期前」に裁判員に就職した場合には、辞退を認めることにする。そのようなやり方も考えられるはずです。

そもそも、裁判員制度は、「（法律の素人である）一般市民の考えを刑事裁判に反映させる」というのが制度の趣旨・理念のはずです。そうであるならば、できるだけ国会議員は裁判員になるべきではないでしょうか。なぜなら、選挙の時、マスコミのインタビューに答える時、政治家は決まって「私は、国民のみなさんと同じ考えです」「私に投票した人々は私と同じ考えだ」といった趣旨の発言をするからです。

仮に、法律の専門家という観点から、国会議員は裁判員から除外されるというのであれば、《法律の専門家である国会議員の考えは、一般市民の考えとは違う》とばかりに《国会議員は裁判員にならない・なってはいけない》法律を、国会議員自らが定めている以上、「私の意見は民意（民草《たみくさ》の声）だ」と主張するような選挙演説を、国会議員は控えるべきではないでしょうか。少なくとも、私が「私は国民のみなさんと同じ考えです」などと言って選挙に出るならば、当選した暁（あかつき）には、「私の考えは民意なのだから、私こそ、裁判員になるべきだ」と主張して、《国会議員も裁判員になることができるという法律》に改正しますぞ。

（30） 裁判員法の正式の法令名称は、「裁判員の参加する刑事裁判に関する法律」です。
（31） 裁判員法一五条の立法趣旨については、市川正人ほか『現代の裁判〔第七版〕』（有斐閣、二〇一七年）二八一頁参照。
（32） Geoffrey Rivlin, First Steps in the Law, 7th ed., Oxford University, pp 274-275.
イギリスの陪審員の資格は、Juries Act 1974 という法律によって定められています。この法律は、Criminal Justice Act 2003 という法律によって改正されました。国会議員は、改正前の法律では「陪審員になることを免除される権利」を有していましたが、二〇〇三年の法改正によって当該権利は廃止されました。つまり、改正前は、国会議員は陪審員を務めたければ務めることができた（禁止されていなかった）けれども、嫌なら陪審員になることを断る権利があった。しかし、現在では、国会議員であることを理由に断ることはできない、ということです。

現在のイギリスの法律では、特定の職業であることを理由に、陪審員になることは禁じられていません。もっとも、日本の裁判員法一六条八号の「やむを得ない事由」と類似の制度があります。すなわち、陪審員になることを辞退する旨の申し出があった場合には、事件を担当する裁判官が当該申し出を認めるか否かを判断します（裁判官の裁量に委ねられています）。Juries Act 1974, Section 9 (2). 辞退の申し出があった場合、軍人を除いて、特定の職業を理由に辞退が認められることはありません。しかし、個々の事情に応じて（どのような職業の人でも）辞退が認められることはあります。

なお、二〇〇三年の法改正後には、裁判官ですら――法律家としての専門知識を活用してはいけないなどの義務を課されますが――陪審員になることができます。陪審員を務めた最初の職業裁判官は、John Dyson 控訴院裁判官（二〇〇四年）です。

コラム② 誰も信じてはならぬ。依頼人よ、あなたでさえも。

ある時、A弁護士が「一番怖いのは、依頼人だよね」とおっしゃいました。私は、意味が分からず、どういうことかと伺いました。

「弁護士は依頼人を信じるのかって？ 信じる訳ないでしょ。依頼人なんてね、嘘ばっかりつくんだから。嘘っていうのが言い過ぎなら、隠し事ばっかりしているよ。どんなに口を酸っぱくして、『本当のことをすべて話して下さい』って言っても、隠すんだなぁ、これが。依頼人も後ろめたいことは黙っている。で、都合の悪いことが相手方に持ち出されて負けそうになると、逆ギレして弁護士のせいにする。こっちが『だから、本当のことをすべて話して下さいって言ったでしょ』なんて言おうものなら、『裁判に関係ないと思ったから、言わなかったんだ。そんなに裁判の勝敗を決するような大事なことなら、なんでもっと早くに、○○に関わることは話して下さいって、具体的に指示しないんだ。何が裁判に関わることか分からないから、相談してるんじゃないか。こっちは素人で、あんたはプロだろ。何のために、高い顧問料を払っているんだ』と、弁護士に責任転換する。だから何が怖いって、朝、事務所行くでしょ。相手方からの反論書（答弁書）がＦａｘで送られてくる。それを読むのが一番怖いよ」

私が、「裁判官はどうでしょう」と問うと、弁護士さんは、しばらくの間沈黙した後、話を続けました。

「裁判官だって、同じでしょ。最初は当事者の話なんて、話半分に聞いているよ。そうでなかったら、その裁判官はバカだね。最初は、みんな、隠し事ばかり。後からだんだん様子が分かってきて、ようやく事件全体が見えてくる。裁判なんて、そんなもんだって」

コラム③　検察官とは何者ぞ。

「検察官って何する人？　どんな仕事をしている？」

学生にこの質問をすると、返ってくる答えは、「悪いことをした人（犯罪者）を捕まえる」「（刑事）裁判にかける」などなど。私が「どれも間違いじゃないけど、何でそういうことするの？」と重ねて問うと、学生の答えは「それが仕事だから」。

そこで、私が「民法で、未成年や後見をもう勉強したよね」と更に問うても、学生は《刑事と民事は違うのに、突然、何を言っているんだろ、この先生》なんて表情を無言で返してくるのがオチ。

では、民法七条を読んでみましょう。

（後見開始の審判）
民法七条
精神上の障害により事理を弁識する能力を欠く常況にある者については、家庭裁判所は、本人、配偶者、四親等内の親族、未成年後見人、未成年後見監督人、保佐人、保佐監督人、補助人、補助監督人又は**検察官の請求**により、後見開始の審判をすることができる。

民法七条の最後には、《検察官が後見開始の審判を請求することができる》ことが明記されています。法学部の学生は、五月を過ぎれば、全員、民法七条は学習済み。けれども、全員が最後まで民法七条を読み切っていません。その結果、民法七条の規定は知っているけれども、民法七条に「検察官」が明記されていることに気付いていない学生がほとんどです。

なぜ、民法七条に「検察官」が記載されているのでしょう。その答えは、検察庁法に書いてあります。検察庁法四条を読んでみましょう。

検察庁法四条
検察官は、刑事について、公訴を行い、裁判所に法の正当な適用を請求し、且つ、裁判の執行を監督し、又、裁判所の権限に属するその他の事項についても職務上必要と認めるときは、裁判所に、通知を求め、又は意見を述べ、又、**公益の代表者**として他の法令がその権限に属させた事務を行う。

キーワードは「公益の代表者」です。公益＝「市民（国民）全員の一番の関心事」とは何でしょうか。戦争が起きないこと・伝染病が蔓延しないこと etc. いろいろありますが、平時においては「犯罪が起きないこと＝治安」でしょう。だからこそ、検察官は犯罪人の処罰に関わる仕事を務めます。けれども、世の中には様々なことが起こります。例えば、《身よりのないお年寄りが認知症になった時、誰が後見人となるのか。その前提として、誰が、家庭裁判所に後見人の選任を請求するのか》。民法七条は、このような場合を想定して、世の中の人々（公益）のために、当該問題の解決を検察官に任せているのです。検察官は、イメージ的には公益の代表者というより、公益の担い手と考えた方が適切かもしれません。

いずれにしろ、法律上、検察官は犯罪に関わる仕事だけが仕事ではありません。その結果、民法を始めとする様々な民事関係の法律の規定に、ひょっこり「検察官」の文字が現れてくることがあります。もっとも、検察官の方にお話しを伺ったところ、「自分は後見人選任請求などの民事関係の案件を担当したことはない。自分の同期の間でも担当したという話は聞いたことがない」そうですから、実際の仕事では、検察官が民事関係を担当することは滅多にないことなのかもしれません。(33)

（33）「訟務検事」は、民事訴訟などを担当します。けれども、訟務検事の職責として想定されているのは、国賠訴訟などの国を当事者とする訴訟の担当などです。民法七条の後見開始の審判請求などが想定されているわけではありません。法務省の公式サイトには、現役の訟務検事による職務の説明が掲載されています。
http://www.moj.go.jp/keiji1/keiji03_00041.html

コラム④　眠ることが許されない機関。

裁判傍聴のレポートを提出することが単位認定の必須条件だった一年生向けの講義を担当していた頃のことです。レポートを課したことについて、大変評判が悪かった。なぜなら、裁判を傍聴できるのは、平日の午前一〇時～一二時、午後一時～四時半位まで。往復の時間を考慮すると、通常の時間割スケジュールでは、そもそも裁判傍聴ができない学生も少なからずいました。もっとも、大学の公式休日などに傍聴できるので、私は、レポートは免除しませんでした。裁判傍聴を課題とした意図は、

《裁判をすることがどれほど大変か。これだけ大変なのに、泣き寝入りせずにそれでもなお、訴えている人の胸中は如何ばかりか》を想像してもらうことにもあったので、学生がブーブー文句をたれる分には、私はいっさい頓着《とんちゃく》しませんでした。

文句をたれる学生の愚痴《ぐち》には、興味深いものがたくさんありました。一つだけご紹介しましょう。

学生曰《いわ》く「いいよなぁ、裁判官って。法廷が午前一〇時〜午後四時半ってことは、毎日、九時五時で帰れるってことだよね。土日祝日も休みでさぁ。やっぱ、エリートは違うよなぁ〜」。

教員としては、聞き捨てならぬグチです。なぜなら、私は既に、逮捕令状や判決の言い渡しの説明を終えていたからです。

私「あのさぁ、午前一〇時〜午後四時半までずっと法廷で話を聞いて、判決を言い渡すって、じゃぁ、判決文はいつ書いているの？　法廷で判決文を書いている裁判官って見たことある？聞いたことある？」

学生「法廷が終わった後に判決を書いている……」

私「いくら、司法試験に受かったエリートだからって、一つの判決文書くのにどの位の時間がかかかると思う？　人の名前の漢字だって、書き間違えちゃいけないんだよ。ちなみに貴方は、このレポート、書くのにどの位かかった？　一時間で終わった？」

学生「もっと……かかりました」

話はこれだけでは終わりません。そもそも逮捕令状の話を説明したとき、私は学生に「逮捕令状は裁判官に請求する」ことを説明ずみです（刑事訴訟法一九九条参照）。逮捕は、犯人が逃げないように、夜討《ようち》ち朝駆《あさが》けは当たり前。ということは、逮捕令状請求も二四時間休みなし、いつでもありうる。ということは、裁判官は、いつ来るとも分からない逮捕令状請求に備えて二四時間三六五日スタンバイしている、ということです。《裁判官は九時五時で帰れて、土日祝日休みたっぷり》というのは、トンでもない誤解です。(34)

学生「え〜、でもバイトの帰りに裁判所の横を通ったけど、夜は真っ暗だったよ」。

私「バカたれ。営業中の居酒屋じゃあるまいし、なんで二四時間煌煌《こうこう》と電気をつけとかなきゃアカンのじゃ。逮捕令状を請求に来るのは、警察官、つまりプロなんだから、裁判所のどこに行けば良いか（受付窓口）を知っている。そこの場所さえ電気がついていれば良いんだから、後は節電。消灯していると決まっているでしょ」。

裁判所は、不夜城《ふやじょう》や眠らない街と違ってきらびやかなネオンとは無縁です。けれど、二四時間休みなし。ひっそりと眠らずにいるのです。

(34) 検察官も同様ですが、学生も、検察や警察が交替で二四時間三六五日機能していることは理解しています。意外かもしれませんが、弁護士も同様だそうです。資産家の個人を顧客にすると、当該資産家の都合で相談に応じないと顧問契約を切られてしまうそうです。個人ではなく、大企業の顧問になった場合、大企業は工場や支店を世界中に持っていることが多いため、どこかで何かあると二四時間構わず呼び出されるそうです。

コラム⑤ 準法律家って何?

「準法律家」は、「法的サービス・法律事務の提供を行う職業で、弁護士以外の者の総称」などと説明されます(35)。しかし、最近の私は、「B to B の専門家。B to C の弁護士とは違う」と説明しています(36)。なぜ、わざわざ洒落臭《しゃらくさ》い(コジャレた)説明に言い換えているのかと言えば、学生が就職活動を始める前に、B to B の存在を知っておいた方が良いと思っているからです。

B to B や B to C は、経済で使われている用語で、最近は新聞などでも普通に使われています。B to B は、英語の Business-to-business の略で「企業間取引」と訳されます。B to C は、英語の Business-to-consumer の略で「企業対消費者間取引」と訳されます(37)。

学生に、「知っている会社名を挙げて」と言えば、「明治」「ロッテ」「森永」などと答えますし、「知っている法律の専門家を挙げて」と言えば、弁護士とか裁判官などと答えます。これらに共通する特徴は、一般市民が直に(ダイレクトに)接することがありうる、という点です。

製菓会社と雖《いえど》も、原料や製造機械や工場を全部自分たちで直接作っているわけではありません。原料のカカオにしろ、チョコレートを作る機械にしろ、工場の建設にしろ、すべて他の会社に発注しています。反対に、「明治」「ロッテ」「森永」といった製菓会社に原料のカカオを卸《おろ》している会社は、通常、一般市民にカカオを売ることはしていません。こういった卸《おろし》会社の取引相手は全て会社(法人)ですから、こうした卸会社の社名が一般市民に認知されることはまずありません(別に秘密にしているわけではないのですが……)。

学生は、自分たちが知っている会社・職業をキャリア選択に選びがちですが、一般市民が(名前を）知らない会社や職業も視野に入れれば、それだけ選択肢が増えます。法律関係の職業もいろいろあります。何も弁護士・検察官・裁判官だけが法律関係の職業ではないのです。

例えば、準法律家として「行政書士」という職業があります。みなさんが、自分でカフェを開きたい（カフェを経営しよう）と思ったとき、具体的にどうしますか？　有名カフェ店に修行に行く、開店資金を貯める、お店を開く場所を借りるために不動産屋に行くetc.　これ位は思いつくでしょう。しかし、実際には、食品を扱うため保健所の許可を得るなど、役所（行政機関）にいろいろな申請をしなければなりません。個人で開くと言っても、カフェを経営するならば、法人（会社）を設立することも検討しなければなりませんし、本当に会社を立ち上げるならば、法人登記もしなければなりません。このときに、自分の代わりに、保健所に申請したり、法人登記をしたりしてくれるのが「行政書士」です。この場合の関係を行政書士の立場から見れば、行政書士の取引先（顧客）は、一般市民ではありません。カフェを経営したいなどといった希望をもつ経営者（職業人・商人）です。

厳密に言えば、例えば、行政書士は、免許更新の代書を行ったり、司法書士は遺産相続に伴う不動産移転登記の代書を行ったりしますので、準法律家も一般市民と接することはあります。けれども、このように準法律家は主に職業人（プロ）を相手にする仕事と思えば、分かりやすいのではないでしょうか。民間企業に勤める途を選ぶ場合も同様です。一般消費者（一般市民）を主な顧客とする会社だけでなく、主に法人と取引をする会社もたくさんあります。

（35） 準法律家については、市川正人・坂巻匡・山本和彦『現代の裁判〔第七版〕』（有斐閣、二〇一七年）一三六頁が比較的詳しいです。なお、準法律家の一般的な定義については、『コンサイス法律学用語辞典』（三省堂、二〇〇三年）「準法律家」から引用しました。

（36） 厳密には、一般市民にもサービスを提供しています。例えば、相続があった場合、司法書士は、遺産である不動産の移転登記を代行します。

（37） その他に、B to G、英語の Business-to-government の略で、「企業対政府間取引」と訳される取引があります。ちなみに、東京の築地市場移転問題については、「企業対地方公共団体（東京都）取引」が関わっています。「企業対地方公共団体取引」を強いて英語にするとすれば、Business-to-local self govering body、略して B to L でしょうか。

コラム⑥ 究極の質問「法律って何ですか」——ブラジル憲法は世界一？

これまで何度か「先生は、法律って何だと思いますか」という質問を受けたことがあります。私の回答は、年月とともに次第に変わり、現在は三期目（？）に入りました。

最初の頃（一期目）は、「人は生まれながらにして皆、高い遵法《じゅんぽう》意識(38)を持っている」でした。この回答はあまり歓迎されず、質問者からは、つまらなそうな顔をされたものです。曰《いわ》く「そりゃ、罪を犯したことがバレたら刑務所行きetc. になることは、誰でも知っています」と。

でも、私が言いたいのは、「バレなきゃ良い」でも「報いの存在」でもありません。そうではなくて、ルール（法律）を守ることの大切さ」そのものです。泥棒だって自分の物が盗まれたら、激怒します。このことは、実在した過激派組織の話を基にしたドイツ映画『バーダー・マインホフ　理想の果てに』の序盤《じょばん》三三分頃のシーンに巧みに描かれています(39)。テロリスト・暴力団etc. 法律を破る常習犯と見なされている人たちだって、決して「法律を守る必要はない。信号無視、道路逆走。何をしてもいいんだ」などとは言いません。

要するに、《人は生まれながらにして、みな高い遵法《じゅんぽう》意識を持っている。けれど、その遵法《じゅんぽう》意識は自分に対してではなく他人に対して向けられている》ということです。「俺はともかく、お前はルールを守れ」と。

その後（二期目）は、「現実の法律は同床《どうしょう》異夢《いむ》だ」と回答するようになりました。当時は、小泉内閣による郵政民営化が日本中の関心の的。最終的に郵政民営化法案に賛成票を投じた国会議員の動機が様々であったことは、当時の学生の目から見ても明らかでした。

《郵政民営化は自分が実現させたい政策だから》《派閥のボスが「賛成しろ」と言ったから》、《自民党を除名されたくないから》、《マスコミ受けしそうだから》、《よく分からないから》、etc. 今の学生には、昔話で通じないのが残念です……。

《現実の法律は同床異夢《どうしょういむ》》。私は今も、この考え・見方を変えていませんが、《時の権力者が無理矢理作ったご都合主義の法律は、時の権力者が政治の表舞台から去ったのち、やがて歴史の波によって淘汰《とうた》されていく》とも思っています(40)。

そして、今（三期目）は、「法律はその国の文化と歴史の表れ」と答えています。

例えば、フィジーの旧《ふる》い憲法（いわゆる一九七〇年のフィジー憲法）には、国籍について次のような規定がありました。

フィジー憲法（一九七〇年一〇月一〇日施行）
第二一条（出生による市民権の取得）
一九七〇年一〇月九日後にフィジーで出生した者は、すべて出生時からフィジーの市民となる。ただし、その者の出生時において、次の事由がある場合は、フィジーの市民とはならない。
(a) 父がフィジーに派遣された外国の使節として、訴訟、法律手続上の免責特権を有する者であり、かつ、父母がフィジー市民ではない場合。
(b) 父が敵国民であり、かつ、その者が敵国によって占領されている地域で出生した者。(41)

日本の憲法一〇条が国籍要件を法律に丸投げしているのに比べて、旧フィジー憲法が「生地主義を採用しながらも、一定の厳しい条件をつけている」点に、彼《か》の国の苛烈《かれつ》な歴史が垣間《かいま》見えます。

もっとも、《憲法に規定されていることが大事なことで、憲法ではなく法律に規定されていることは価値が低い》というわけではありません。むしろ、《明文規定がない事項》の方が、国民の意識に根付いている（当たり前過ぎて、憲法や法律で定めようとすら思いつかない）と言えることもあります。

公用語の規定を比較してみましょう。フランス憲法には公用語を定めた規定がありますが、アメリカ・ドイツ・日本には、公用語に関する明文規定は存在しません。但し、ドイツと日本には、法廷言

語の規定があります。ところが、アメリカには法廷言語の規定も存在しません。(42)

フランス憲法二条一項
共和国の言語はフランス語である。(43)
ドイツ裁判所組織法一八四条
裁判所の用語は、ドイツ語である。(44)
日本の裁判所法七四条（裁判所の用語）
裁判所では、日本語を用いる。

こういった規定の違いの背景には、歴史の違い・文化の違いがあります。歴史や外国を辿《たど》れば、今の日本にはない規定がまだまだたくさんあります。例えば、ブラジル憲法には「（組合の同意がない限り）賃金を下げることを禁止する」規定があります。(45)韓国には「健常者が（日本で言う）鍼灸《しんきゅう》マッサージ師になることを禁止する」法律の是非が社会問題となっています。(46)世界は広い……ですね。

(38) 遵法《じゅんぽう》と順法《じゅんぽう》、いずれも同じ意味ですが、実定法の教科書などでは、遵法《じゅんぽう》が使われることが多いです。ちなみに、遵守《じゅんしゅ》と順守《じゅんしゅ》についてですが、現行法は「遵守《じゅんしゅ》」を用いています。憲法九八条二項ほか参照。

(39) 一九七〇年代、欧州全土を震撼させた、ドイツの極左過激派集団〝バーダー・マインホフ〟を実写化した作品です。ＤＶＤの販売元は、Happinet。二〇一〇年発売。上映時間一五〇分。
(40) 一六八五年、徳川幕府の時代に五代将軍綱吉が発した『生類憐《しょうるいあわれ》みの令』が好例だと思います。生類憐みの令は、動物、特に犬を大切にすることを命じた令です。違反者には、今でいう死刑などの厳しい処分が行われました。
(41) 木村三男（監修）『新版　渉外戸籍のための各国法律と要件』（日本加除出版、二〇〇二年）八一七頁。
(42) 法廷言語について私が質問したところ、あるアメリカ人弁護士から、次のような答えが返ってきました。「法廷言語がどうやって決まるのかって、そんなこと考えたこともなかった。大体、法律で決める必要があるの？　法律で決めることに何の意味があるの？　ロー・スクールでも習わなかった。大体、法律で決める必要があるの？ 法律で決めることに何の意味があるの？ アメリカには陪審がある。陪審員は英語しか分からない。裁判官だって、そうだ。現実問題として、英語以外の言語で裁判をやることは、不可能だ。言わば、慣習で、裁判は英語でやると決まっている。決まっていることを、なぜ、わざわざ、法律にする必要がある？　第一、『法廷言語を英語に限る』、そんな法律を作ろうとしたら、『英語を話せないマイノリティーに対する人権保護はどうなる』という人権問題になる。そんな国内を二分するような政治問題に関わる法律、そして、実際には何の意味もない法律を作ろうとする人なんていないよ。」
(43) 阿部照哉・畑博行（編）『世界の憲法集〔第四版〕』（有信堂、二〇〇九年）三九五頁。その他に、初宿正典・辻村みよ子（編）『新解説世界憲法集〔第四版〕』（三省堂、二〇一七年）二五〇頁、岩波文庫の、高橋和之（編）『新版　世界憲法集』（岩波書店、二〇〇七年）二七九頁参照。
(44) 初宿正典・須賀博志（編訳）『原典対訳　連邦憲法裁判所法』（成文堂、二〇〇三年）一四三頁。
(45) ブラジル連邦共和国憲法一九八八年　第七条Ⅵ項「団体協約または団体協定に定める場合を除く賃金の

減額不可能性」。訳文は、矢谷通朗『ブラジル連邦共和国憲法一九八八年』(一九九四年、アジア経済研究所)五九頁。

(46) 形井秀一「韓国の視覚障害者あん摩師の歴史と現況」筑波技術大学テクノレポート Vol. 15 Mar.2008。http://www.tsukuba-tech.ac.jp/repo/dspace/bitstream/10460/191/1/Tec15_0_27.pdf

〈著者紹介〉

小室百合（こむろ・ゆり）

1964年7月　東京都生まれ
1988年3月　東北大学法学部卒業
現　在　　神奈川大学法学部准教授

〈主要業績〉

「外国判決承認執行手続における手続的公序と再審」東北学院法学71巻（2011年），「外国判決承認執行手続における手続的公序について」民事訴訟雑誌54巻（2008年），「外国判決承認・執行制度の意義について――ドイツにおける歴史的沿革を手がかりとして――」東北法学16号（1998年）。

イラスト：ゆうな

法律の条文解釈入門　新版
――六法を引こう！――

2018（平成30）年3月30日　第1版第1刷発行　2302-0101

著　者　小　室　百　合
発行者　今　井　　　貴
　　　　渡　辺　左　近
発行所　信山社出版株式会社
〒113-0033 東京都文京区本郷6-2-9-102
電　話　03（3818）1019
ＦＡＸ　03（3818）0344
Printed in Japan

 印刷・製本／亜細亜印刷・日進堂
ISBN978-4-7972-2770-3　C3332

参　考　資　料

参考資料1　「並びに」「及び」「又は」「若しくは」について

＊「参考資料１」は、小室輝久先生より講義資料を提供して頂いたものです。

法令中の「並びに」「及び」の使い方

（例１）刑法128条

第百二十四条第一項、第百二十五条**並びに**第百二十六条第一項**及び**第二項の罪の未遂は、罰する。

この条文が規定している内容を、数式のカッコ記号を使って表記すると、

{第百二十四条第一項 and 第百二十五条 and（第百二十六条第一項 and 第二項)} の罪の未遂は、罰する。

となります。

つまり、下線部は、

・第百二十四条第一項

・第百二十五条

・第百二十六条第一項 and 第二項

の３つが and で結ばれていて、and で結ばれている３つの語句のなかの一つに、and を含む語句（第一項 and 第二項）があります。

この場合に、最も内側のカッコ（　）で囲まれた中の and にの

み「及び」を使い、それよりも外側のカッコ ｛ ｝ で囲まれた中のandには「並びに」を使います。

ただし、カッコ ｛ ｝ のなかにandが二つ以上ある場合は、最後のandのみに「並びに」を使い、それ以外のandには「、」(読点) を使います。

┌・第百二十四条第一項
│・第百二十五条
└・第百二十六条 ┌第一項
　　　　　　　　└第二項

（例2）旧刑法229条本文

> 第二百二十四条の罪、第二百二十五条の罪**及び**これらの罪を幇助する目的で犯した第二百二十七条第一項の罪**並びに**同条第三項の罪**並びに**これらの罪の未遂罪は、営利又は生命若しくは身体に対する加害の目的による場合を除き、告訴がなければ公訴を提起することができない。

この条文が規定している内容を、数式のカッコ記号を使って表記すると、

> 〔{(第二百二十四条の罪 and 第二百二十五条の罪 and これらの罪を幇助する目的で犯した第二百二十七条第一項の罪) and 同条第三項の罪} and これらの罪の未遂罪〕は、営利又は生命若しくは身体に対する加害の目的による場合を除き、告訴がなければ公訴を提起することができない。

となります。

つまり、下線部は、まず、

・第二百二十四条の罪、第二百二十五条の罪及びこれらの罪を幇助する目的で犯した第二百二十七条第一項の罪並びに同条第三項の罪【＝既遂】

・これらの罪の未遂罪

の2つがandで結ばれていて、既遂の罪が更に、「誘拐行為をした者に関する罪（224条、225条、227条1項」と「それ以外の者に関する罪（227条3項)」に分かれて、andで結ばれています。

さらに、「誘拐行為をした者」に関する3つの条文がandで結ばれています。

この場合に、最も内側のカッコ（　）で囲まれた中のandに「及び」を使い、それより外側のカッコ｛｝〔　〕で囲まれた中のandには「並びに」を使います。

ただし、カッコ（　）のなかにandが二つ以上ある場合は、最後のandのみに「又は」を使い、それ以外のandには「、」（読点）を使います。

第二百二十四条
第二百二十五条
第二百二十七条　第一項
第二百二十七条　第三項
これらの罪の未遂罪…………第二百二十四条の未遂罪
第二百二十五条の未遂罪
第二百二十七条　第一項の未遂罪
第二百二十七条　第三項の未遂罪

【まとめ1】「並びに」「及び」の使い方
- 点線カッコ（最も内側のカッコ）の中でのみ、「及び」を使います。
- 実線カッコ（最も内側以外のカッコ）の中で、「並びに」を使います。
- カッコの中にandが2つ以上ある場合は、最後のandにのみ「及び」「並びに」を使い、それ以外のandは「、」（読点）を使います。

法令中の「又は」「若しくは」の使い方

（例３）刑法25条柱書

> 次に掲げる者が三年以下の懲役**若しくは**禁錮**又は**五十万円以下の罰金の言渡しを受けたときは、情状により、裁判が確定した日から一年以上五年以下の期間、その執行を猶予することができる。

この条文が規定している内容を、数式のカッコ記号を使って表記すると、

> 次に掲げる者が ｛三年以下の（懲役 or 禁錮）or 五十万円以下の罰金｝ の言渡しを受けたときは、情状により、裁判が確定した日から一年以上五年以下の期間、その執行を猶予することができる。

となります。

つまり、下線部は、

・三年以下の懲役 or 禁錮

・五十万円以下の罰金

の２つが or で結ばれていて、or で結ばれている語句のなかの一つに、or を含む語句（三年以下の懲役 or 禁錮）があります。

この場合に、最も外側のカッコ ｛ ｝ で囲まれた中の or にのみ「又は」を使い、その内側の（　）で囲まれた中の or には「若しくは」を使います。

参考資料１　「並びに」「及び」「又は」「若しくは」について

三年以下の　懲役
　　　　　　禁錮
五十万円以下の罰金

（例４）地方自治法152条２項

> 副知事**若しくは**副市町村長にも事故があるとき**若しくは**副知事**若しくは**副市町村長も欠けたとき**又は**副知事**若しくは**副市町村長を置かない普通地方公共団体において当該普通地方公共団体の長に事故があるとき**若しくは**当該普通地方公共団体の長が欠けたときは、その補助機関である職員のうちから当該普通地方公共団体の長の指定する職員がその職務を代理する。

この条文が規定している内容を、数式のカッコ記号を使って表記すると、

> 〔{(副知事 or 副市町村長）にも事故があるとき or（副知事 or 副市町村長）も欠けたとき} or {(副知事 or 副市町村長）を置かない普通地方公共団体において当該普通地方公共団体の長に事故があるとき or 当該普通地方公共団体の長が欠けたとき}〕は、その補助機関である職員のうちから当該普通地方公共団体の長の指定する職員がその職務を代理する。

つまり、下線部は、

・{(副知事 or 副市町村長）にも事故があるとき or（副知事 or 副市町村長）も欠けたとき}

・{(副知事 or 副市町村長）を置かない普通地方公共団体において当該普通地方公共団体の長に事故があるとき or 当該普通地方公共団体の長が欠けたとき}

の２つが or で結ばれていて、or で結ばれているそれぞれの語句の中に、さらに選択的に or で結ばれている語句があります。

この場合に、最も外側のカッコ〔　〕で囲まれた中のorにのみ「又は」を使い、それより内側のカッコ｛｝（　）で囲まれた中のorには全て「若しくは」を使います。

副知事にも事故あるとき
副市町村長にも事故があるとき

副知事も欠けたとき
副市町村長も欠けたとき

当該普通地方公共団体の長に事故があるとき
当該普通地方公共団体の長が欠けたとき

【まとめ2】「又は」「若しくは」の使い方

・太線のカッコ（最も外側のカッコ）の中でのみ「又は」を使います。
・破線のカッコ（最も外側以外のカッコ）の中で、「若しくは」を使います。
・カッコの中にorが2つ以上ある場合は、最後のorにのみ「又は」「若しくは」を使い、それ以外のorは「、」（読点）を使います。

参考資料2　旧刑法229条の適用対象について

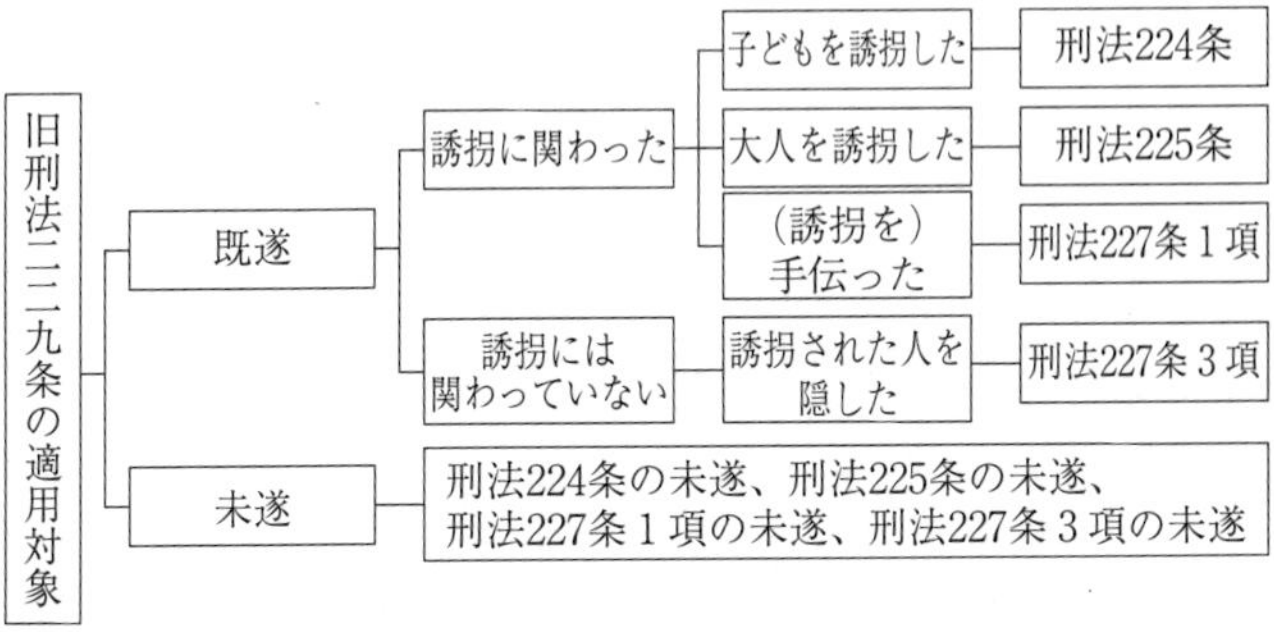

（注意）

旧刑法229条に該当する具体的犯罪行為は「誘拐」だけではありませんが、便宜上、この表では「誘拐」と「（誘拐された被害者を）隠す」行為のみを表記しました。